公務員試験

【高卒程度・社会人】

初級スーパー過去問ゼミ

判断推理

| 国家一般職
[高卒・社会人] | 高卒程度
都道府県職員 | 高卒程度
市役所職員 | 高卒程度
警察官 | 高卒程度
消防官 |

資格試験研究会編
実務教育出版

初級スーパー過去問ゼミ

刊行に当たって

　過去問対策の定番として公務員試験受験生から圧倒的な信頼を寄せられている「初級スーパー過去問ゼミ」シリーズ。今回，平成30年度以降の問題を新たに収録し，最新の出題傾向に沿った内容に見直しを図るとともに，紙面デザインなども一新してよりわかりやすく，学習しやすく進化しました。

　本シリーズは，高等学校卒業程度（初級）の公務員試験攻略のための，過去問ベスト・セレクションです。「国家一般職［高卒］および［社会人］」「税務職員」「高卒程度都道府県職員」「高卒程度市役所職員」試験を中心に，「高卒程度警察官」「高卒程度消防官（消防士）」試験などで実際に出題された過去問を使用して作られています。

　採用試験の制度が変わっても，「公務員試験を攻略するためには，過去問演習が欠かせない」というセオリーは変わりません。

　良質な過去問で演習を繰り返すことで，合格への道はおのずと開けてきます。本シリーズでの学習を通して，どんな出題形式にも対応できる実力を身につけてください。

　本書を手に取られたあなたが，新時代の公務を担う一員となれるよう，われわれスタッフ一同も応援します！

資格試験研究会

1

本書の構成と使い方

本書で取り扱う試験の名称表記について

❶ **国家一般職／税務，国家Ⅲ種**…国家公務員採用一般職試験［高卒者試験］［社会人試験(係員級)］，税務職員採用試験，国家公務員採用Ⅲ種試験

❷ **社会人，中途採用者**…国家公務員採用一般職試験［社会人試験(係員級)］，国家公務員中途採用者選考試験

❸ **地方初級**…地方公務員採用初級試験（道府県・政令指定都市・市役所・消防官採用試験［高卒程度］）

❹ **東京都**…東京都職員Ⅲ類採用試験

❺ **特別区**…特別区（東京23区）職員Ⅲ類採用試験

❻ **警察官**…警察官採用試験［高卒程度］

❼ **警視庁**…警視庁警察官Ⅲ類採用試験

❽ **東京消防庁**…東京消防庁消防官Ⅲ類採用試験

❾ **地方中級**…地方公務員採用中級試験（都道府県・政令指定都市・市役所）

掲載した問題の末尾に試験名の略称と出題された年度を記載しています。

※注1　平成26年度から，国家一般職の「高卒者試験」と「社会人試験(係員級)」の問題は全問共通となっています。

※注2　平成23年度までは，国家Ⅲ種の中に「行政事務」と「税務」区分があり，問題は全問共通でした。平成24年度以降も，国家一般職と税務の問題は全問共通となっています。

※注3　消防官(消防士)の採用試験は基本的に市町村単位で実施されており(東京都の場合は一部地域を除いて東京消防庁)，教養試験に関しては市町村の事務系職種と同じ第一次試験日で試験問題も共通していることが多くなっているため，本書では「地方初級」に分類しています。

本書に収録されている「過去問」について

❶ 試験実施団体により問題が公表されている試験については，公表された問題を掲載しています（平成9年度以降の国家一般職・国家Ⅲ種，平成19年度以降の社会人・中途採用者，平成13年度以降の東京都，平成14年度以降の特別区，平成15年度以降の警視庁，平成16年度以降の東京消防庁）。それ以外の問題は，過去の公務員試験において実際に出題された問題を，受験生から得た情報をもとに実務教育出版が独自に編集し，復元したものです。

❷ 学校教育において教育内容・用語が改訂されたために内容や用語を統一した，年月がたって状況が変わってしまったので現状に合わせた，などの理由で，問題に手を加えている場合があります。大幅な訂正があった問題については「改題」の表示をしています。

本書の構成

❶ 判断推理 攻略のポイント

最近の初級公務員試験の問題を分析して，科目別に最新の出題傾向と効果的な学習方法についてアドバイスしています。今後の学習の指針としてください。

❷ 各テーマの重要度

各テーマ冒頭で，そのテーマがどれくらい重要なのかをバナナの本数で示しています。

バナナ3本 … どの試験にもよく出題される重要なテーマ
バナナ2本 … 比較的重要なテーマ
バナナ1本 … 一部の試験でのみ出題されるテーマ

❸ 重要問題

各テーマのトップを飾るにふさわしい良問をピックアップしました。この「重要問題」と同じような問題が，本試験で何度も出題されていますから，合格のためには必ずマスターしておきたいところです。

　復習する際に確認しておきたい事項などについて簡潔に示しています。問題を解いた後に，理解度をチェックしましょう。

　問題に関する補足説明や，別の解き方など，一歩進んだ学習ができる知識を紹介しています。

　テーマ全体に関するワンポイント・アドバイスや，学習を進めるうえで注意しておきたい点などを提示しています。

❹ 要点のまとめ

これだけは理解したい・覚えておきたい要点をいくつかの「重要ポイント」に分け，見やすい図表などを駆使してコンパクトにまとめています。問題を解く前の知識整理に，また試験直前の確認に活用しましょう。

　「重要ポイント」で説明しきれなかった補足知識や，得点アップにつながる発展知識をまとめています。

❺ 実戦問題

各テーマをスムーズに理解できるよう，バランスよく問題を選びました。解説は，「重要問題」と同じように，詳しく丁寧に記述してあります。全部解いて，実戦力をアップしましょう。

また，学習効果の高い問題を選んで のアイコンを付けています。重要問題と の問題を解いていけば，スピーディーに本書をひととおりこなせます。特に，本番の試験まで時間が取れない場合などにご活用ください。

CONTENTS

公務員試験【高卒程度・社会人】
初級スーパー過去問ゼミ

判断推理

カバーデザイン／cycledesign　　書名ロゴ／早瀬芳文　　イラスト／アキワシンヤ

判断推理 攻略のポイント

ここが出る！最近の出題傾向

　判断推理は，問題文で与えられた条件を手がかりに，「判断力」「推理力」を駆使して正答を導き出す科目である。公務員試験以外では聞いたことのない科目なので不安に思う人もいるかもしれないが，出題範囲や出題形式は比較的明確な科目である。本書で分類している20テーマをやり通せば，判断推理のほぼすべての出題パターンに触れたことになるだろう。

　最近の出題傾向には，試験によって若干の違いがあるので，試験ごとに見ていこう。

●国家一般職 [高卒]

　平成24年度から，国家一般職 [高卒] などの試験では，出題科目が変更され，判断推理は「課題処理」に名称が変わったが，出題内容は従来どおりである。いろいろなテーマからバランスよく出題されている。

●地方初級

　さまざまな分野から出題されている。「対応関係」「順序関係」「展開図とその応用」「折り紙と模様」などが頻出。ほかに，「数量の関係」「平面図形の分割と構成」も最近はよく出題されている。

●警察官

　「対応関係」からの出題が非常に多く，2〜3問出題された年もある。地方初級と同じく，「順序関係」「図形の切断と構成」「展開図とその応用」「折り紙と模様」もコンスタントに出題されている。

●東京消防庁

　「暗号」や「命題」がほぼ毎年出題されるほか，「対応関係」「発言からの推理」の出題も多い。図形問題に関しては，例年2〜3問が立体図形の出題であり，平面図形よりも多い場合もある。

ここに注意！効果的な学習法

ポイント❶【早めに取り組んで，得意科目にしよう！】

　判断推理は，どの試験でも出題数が多い重要な科目である。また，得意な人とそうでない人の得点力に大きな差が出るので，合否を分けるポイントにもなりやすい。早い段階から始めれば得意科目にすることは決して難しくないので，後回しにせず，なるべく早くスタートを切ろう。

ポイント❷【「解法パターン」を身につけよう！】

　本書に掲載した20のテーマには，命題なら「三段論法」，対応関係なら「対応表の作成」，展開図なら「面の移動」というように，それぞれ決まった解法パターンがある。判断推理の攻略とは，これらの解法パターンを1つずつ身につけていくことにほかならない。本書以外の問題集や模擬試験を解くときにも，「この問題はどのパターンかな？」と考えながら解くようにしよう。

ポイント❸【スピードより正確さを優先しよう！】

　判断推理は，慣れないと問題を解くのにどうしても時間がかかる。ほかの科目との時間配分を考えると，「できるだけ短時間で解けるようになりたい！」と思うのは当然である。しかし，判断推理のポイントは，与えられた条件を見落とさず，1歩1歩推論を進めていくことにある。初めのうちは，じっくり時間をかけて解法パターンを理解することを優先しよう。

ポイント❹【「場合分け」に強くなろう！】

　判断推理の解法で避けて通れないのが場合分け。条件からの推理が行き詰まったところで，可能性があるいくつかの場合に分けてさらに推理を進めていく作業だ。面倒で地味な作業だが，最近は精密な場合分けを要する問題が多いのも事実。どこで，どのように場合分けするのか，どこまでが確実にいえることなのかを正確に見極められるようになろう。

第 1 章

暗号・集合・命題

暗号の解読

重要問題

　ある暗号で「サクラ」が「19←18→10→10←3←17」と表されるとき，同じ法則の暗号で「ヒマワリ」を表したものとして，最も妥当なのはどれか。　　　　　　　　【東京消防庁・平成29年度】

1　8→7←4→10→22←22→17←9
2　8→7←4→10←3←7→2←10
3　8→1←4→22→12←22→17←9
4　8→1←4←12→22←22→17←9
5　8→1→4←17→12←22→22←9

解説

　3文字のサクラが6つの数字，4文字のヒマワリが8つの数字に対応しているので，ローマ字や五十音表に対応させて検討していく。

Step❶　暗号をローマ字にして，暗号文との文字数を比較する

　3文字の「サクラ」が6つの数字，4文字の「ヒマワリ」が8つの数字で表されているので，3文字を6文字にするために，カタカナをローマ字で表してみる。
サクラ→SAKURA

Step❷　アルファベットと数字の対応関係を調べる

　SAKURAのアルファベット順の，S　A　K　U　R　A　を，
　　　　　　　　　　　　　19　1　11　21　18　1
A B C D E F G H I J K L M N O P Q R S T U V W X Y Z
1 2 3 4 5 6 7 8 9 10 11 12 13 14 15 16 17 18 19 20 21 22 23 24 25 26

暗号「19←18→10→10←3←17」と比べると，先頭の19しか一致していない。

しかし，暗号2つめの18と19−1は一致する。

そこで，同様の操作をつづける。

　　暗号2つめ　19−1＝18

　　暗号3つめ　1−11＝−10

　　暗号4つめ　11−21＝−10

　　暗号5つめ　21−18＝3

　　暗号6つめ　18−1＝17

　これと暗号を比較すると，絶対値は一致している。符号が一致しないところがあるが，負の数に対応する暗号には，直前に「→」がついているので，「→」は「−」を「←」「＋」に対応しているとわかる。

S	A	K	U	R	A
19	1	11	21	18	1

差　　　＋18　−10　−10　＋3　＋17

Step❸　選択肢との対応を調べる

　HIMAWARIのアルファベット順の8, 9, 13, 1, 23, 1, 18, 9について，順に差をとっていくと。−1, −4, ＋12, −22, ＋22, −17, ＋9となる。これを，先頭の8をそのままにして暗号にすると，「8→1→4←12→22←22→17←9」となる。

 確認しよう　➡原文と暗号文の文字数の比較→法則の検討→選択肢の確認

正答 4

FOCUS

　暗号解読の手順は，与えられた暗号が，ひらがな，カタカナ，漢字，ローマ字，数字，アルファベットのいずれであるかと，文字数をまず把握する。次に対応の規則を見つける。ポイントは，いかに素早くその規則性を見つけられるかであるが，いくつかのパターンを体験することから始め，その後に試行錯誤の訓練をしていく。

要点の まとめ

重要ポイント ① 暗号の種類

 暗号は，普通の文章をある一定の規則によって他の文字に置き換えたものである。代表的なパターンを覚えておこう。

よく出題される暗号には，次のような種類がある。
① 置き換え　　　文字，数字，記号などに置き換える方法
② 挟み込み　　　まったく関係のない文字や単語などを間に入れる方法
③ 順序変え　　　文字や数字等の順序を変える方法
④ 図形の利用　　規則的な図形に置き換える方法

重要ポイント ② 暗号の字数の確認と規則の発見

 どのような文字が暗号に使われているかを見定め，元の文章の字数との対応を正確につかもう。

与えられた文章，暗号となったものとの字の種類と字数から，どのような対応になっているかを調べる。
　種類　ひらがな，カタカナ，漢字，アルファベット，簡単な英単語，ローマ字表記
　対応　1対1，1対多，偶数個 対 奇数個

重要ポイント ③ 元の文章の変換

与えられた文章をそのまま使うか，他の文字で置き換えてから使うかを的確に判断しよう。

〈例〉　　「虎」は
　　　　　「トラ（とら）」　「TORA」　「TIGER」
　　　　　　　　↓　　　　　　　↓　　　　　　↓
　　　　　　　2文字　　　　　4文字　　　　5文字
のどれに変えて使うかをつかまないといけない。このとき，ヒントは暗号の字数である。
　「虎」の暗号が「45　91」ならば，4文字だから，
　　　　「虎」→「トラ」または「TORA」

として扱うのがよい。

この例では，50音表で　4　5　→　4　は　　タ　　行　，　5　は　5　段

91→9はラ行，1は1段

のように，推定していく。

重要ポイント 4 よく使われる暗号表

 50音表やいろは表など，よく使われる表はいつでも書けるようにしておこう。

どのような暗号表があるのか，代表的な例を頭に入れておく。暗号表は無数に作れるから，与えられた条件から推測する必要がある。

〈50音表〉

	1 2 3 4 5 6 7 8 9 A B
1	あ か さ た な は ま や ら わ ん
2	い き し ち に ひ み … り ……
3	う く す つ ぬ ふ む ゆ る ……
4	え け せ て ね へ め … れ ……
5	お こ そ と の ほ も よ ろ を …

〈いろは表〉

	1 2 3 4 5 6 7
A	い ろ は に ほ へ と
B	ち り ぬ る を わ か
C	よ た れ そ つ ね な
D	ら む う ゐ の お く
E	や ま け ふ こ え て
F	あ さ き ゆ め み し
G	ゑ ひ も せ す ん …

〈例〉「さくら」→「13　32　19」

「ひのいり」→「26　55　21　29」　〈例〉「ひかり」→「G2　B7　B2」

また，置き換えとしてよく出題されるものには，アルファベットと数字の置き換え等がある。

「アルファベット」→「数字」の例

A　B　C　D……X　Y　Z

↓　↓　↓　↓　　↓　↓　↓

26　25　24　23……03　02　01

「アルファベット」→「アルファベット」のずらし置き換えの例

A　B　C　D……K　L　M　N　O……X　Y　Z

↓　↓　↓　↓　　↓　↓　↓　↓　↓　　↓　↓　↓

M　L　K　J……C　B　A　Z　Y……P　O　N

実戦問題

1 ある暗号では，「51　43　85　33　74」が「なつやすみ」を表し，「64　75　43　63#　32」が「ひまつぶし」を表すという。このとき「はなびたいかい」を表したものとして，最も妥当なのはどれか。

【東京消防庁・平成17年度】

1　65　51　64#　41　12　21　12
2　65　55　62#　45　14　21　14
3　65　51　62#　45　12　25　12
4　74　55　62#　41　13　25　13
5　74　51　64#　41　12　21　12

2 ある暗号で「オキナワハソラ」が「横関学岩背走空」，「アオモリハフネ」が「哀青黙森白腹金」で表されるとき，同じ暗号の法則で「タノシイナツヤスミ」を表したのはどれか。

【特別区・平成22年度】

1　「淡物湿軽滑月軟末皆」　**2**　「肩者岸息軟暑山滑店」　**3**　「淡物進参七暑訳安隅」
4　「炭物新恋並雪悔鈴皆」　**5**　「淡好新米粉筒悔滑君」

3 ある暗号で「DIM」が「黄，赤，緑」，「TIP」が「桃，赤，黄」，「FIFTH」が「青，赤，青，桃，桃」で表されるとき，同じ暗号の法則で「青，赤，緑，紫」と表されるのはどれか。

【特別区・平成27年度】

1　「BLUE」　　**2**　「CORK」　　**3**　「CYAN」
4　「GRAY」　　**5**　「ROSE」

4 ある暗号で「頭」が「月月水火金水」，「荷物」が「木月金日水木」で表されるとき，同じ暗号の法則で「火日月土月火」と表されるのはどれか。

【特別区・平成28年度】

1　「景色」　　**2**　「世界」　　**3**　「一人」
4　「本音」　　**5**　「余裕」

実戦問題●解説

① 数字とひらがなが対応しているので，十の位と一の位がどのように対応しているかを見抜く。

Step ❶　ひらがなと各位の数字の関係を調べる

な	つ	や	す	み		ひ	ま	つ	ぶ	し
↓	↓	↓	↓	↓		↓	↓	↓	↓	↓
51	43	85	33	74		64	75	43	63#	32

　十の位は子音（サ行→30，ハ行→60，マ行→70）を表す。一の位は母音で，ア行からナ行までは順に1，2，3，4，5，ハ行以降は順に5，4，3，2，1が対応。また，＃は濁音を表す。

Step ❷　50音表との対応関係を調べる

	00	90	80	70	60	十/一		50	40	30	20	10	十/一
ん	わ	ら	や	ま	は	5		な	た	さ	か	あ	1
		り		み	ひ	4		に	ち	し	き	い	2
		る	ゆ	む	ふ	3		ぬ	つ	す	く	う	3
		れ		め	へ	2		ね	て	せ	け	え	4
	を	ろ	よ	も	ほ	1		の	と	そ	こ	お	5

Step ❸　「はなびたいかい」の各文字を50音表と対応させる

	00	90	80	70	60	十/一		50	40	30	20	10	十/一
ん	わ	ら	や	ま	(は)	5		(な)	(た)	さ	(か)	あ	1
		り		み	(ひ)	4		に	ち	し	き	(い)	2
		る	ゆ	む	ふ	3		ぬ	つ	す	く	う	3
		れ		め	へ	2		ね	て	せ	け	え	4
	を	ろ	よ	も	ほ	1		の	と	そ	こ	お	5

Step ❹　文字を暗号化する

は	な	び	た	い	か	い
↓	↓	↓	↓	↓	↓	↓
↓	↓	↓	↓	↓	↓	↓
65	51	64#	41	12	21	12

（＃は濁音）

👉確認しよう　➡各位の数字の関係➡50音表との対応

正答 **1**

② 原文のカタカナ文字数と暗号文の漢字文字数が一致しているので，各文字が
どのように対応をしているのかを見抜く。

Step❶ 原文のカタカナと暗号文の漢字の関係を調べる

1つ目の暗号文の漢字をさまざまに読んでいくと，

横：オウ（音），よこ（訓）

関：カン（音），せき（訓）

学：ガク（音），まな（ぶ）（訓）

のように，漢字の読みの一部が原文のカタカナと一致している。

Step❷ 暗号文の漢字を読んでいき，一致している部分をチェックする

横：オウ（音）

関：　　　　せき（訓）

学：　　　　まな（ぶ）（訓）

岩：　　　　いわ（訓）

背：ハイ（音）

走：ソウ（音）

空：　　　　そら（訓）

哀：アイ（音）

青：　　　　あお（訓）

黙：モク（音）

森：　　　　もり（訓）

白：ハク（音）

腹：フク（音）

金：　　　　かね（訓）

このように並べると，音読みの場合は1文字目，訓読みの場合は2文字目
が原文のカタカナと一致していることがわかる。

Step❸ 選択肢との対応を調べる

規則に従って，各選択肢と「タノシイナツヤスミ」との一致を調べる。

タノシイナツヤスミ

1 淡物湿軽滑月軟末皆

2 肩者岸息軟暑山滑店

3 淡物進参七暑訳安隅　　　※赤字は誤り

4 炭物新恋並雪悔鈴皆

5 淡好新米粉筒悔滑君

☞確認しよう ➡各カタカナと漢字の関係→選択肢の確認　　　正答 **3**

③ 原文のアルファベット数と暗号文の記号の数が一致しているので，各アルファベットがどのように対応をしているのかを見抜く。

Step❶ 原文のアルファベットと暗号文の記号の関係を調べる

　異なる暗号のすべてにおいて，㊁はIを表し，㊉はFを表しているので，暗号の記号はアルファベットと1対1で対応していることがわかる。

Step❷ アルファベットを書き並べて暗号の記号を整理する

```
    4    6   8 9        13      16       20
A B C D E F G H I J K L M N O P Q R S T U V W X Y Z
    黄   青  桃赤        緑      黄       桃
```

　まず，形が同じものが集まっていることがわかる。そこで，何文字かでグループができているのではないかと考えられる。黄が16−4の12文字間隔，桃が20−8の12文字間隔で並んでいるので，6文字間隔で並んでいるのではないかと推測し，並べてみる。

```
    緑   桃   赤   黄   ?   青
○   A    B    C    D    E    F
                   黄        青
△   G    H    I    J    K    L
         桃   赤
□   M    N    O    P    Q    R
    緑             黄
⬠   S    T    U    V    W    X
    桃
```

Step❸ 暗号を表に当てはめて選択肢との対応を調べる

　残された色は紫であると推測できる。

	緑	桃	赤	黄	紫	青
○	A	B	C	D	E	F
				(黄)	(紫)	(青)
△	G	H	I	J	K	L
		(桃)	(赤)			
□	M	N	O	P	Q	R
	緑		赤	黄		青
⬠	S	T	U	V	W	X
	緑	桃				

☞確認しよう ➡各アルファベットと記号の関係→選択肢の確認　　正答 5

4 まず，原文をかな文字にして，その文字数と暗号文の文字数とを比較する。次に，原文の文字と暗号文の文字がどのように対応をしているのかを見抜く。

Step1　原文をかな文字にして，暗号文との文字数を比較する

　「頭」を「あたま」とし（「かしら」や「とう」としなければならない可能性もある），「荷物」を「にもつ」とすると，かな3文字に対して，暗号文は6文字であるので，原文1文字に対して，暗号文は2文字であると推測できる。

Step2　書き並べて暗号の法則を検討する

月月	水火	金水		木月	金日	水木
あ	た	ま		に	も	つ

　まず，明らかに，暗号は曜日に使われる文字でできているので，「月火水木金土日」または「日月火水木金土」の順に意味をもつのではないかと考えられる。そして，暗号を見ると，五十音の最初の文字「あ」が「月月」であるので，「月火水木金土日」の順が使われていそうである。

　そこで，この順に番号を振ってみる。

11	32	53		41	57	34
月月	水火	金水		木月	金日	水木
あ	た	ま		に	も	つ

　このようにすると，五十音順で「た」の2つ後の「つ」が32の2つ後の34になっていること，「ま」の4つ後の「も」が53の4つ後の57になっていることに気がつくことができる。「月火水木金土日」は7文字なので，7文字ごとに十の位が1増えるのではないかと考えられる。これに基づいて表を作成すると，推測が正しいことが確認できる。

	1	2	3	4	5	6	7
	月	火	水	木	金	土	日
1月	あ	い	う	え	お	か	き
2火	く	け	こ	さ	し	す	せ
3水	そ	た	ち	つ	て	と	な
4木	に	ぬ	ね	の	は	ひ	ふ
5金	へ	ほ	ま	み	む	め	も

Step 3　暗号を表に当てはめて選択肢との対応を調べる

	1	2	3	4	5	6	7
	月	火	水	木	金	土	日
1月	あ	い	う	え	お	か	き
2火	く	け	こ	さ	し	す	せ
3水	そ	た	ち	つ	て	と	な
4木	に	ぬ	ね	の	は	ひ	ふ
5金	へ	ほ	ま	み	む	め	も

　「火日月土月火」＝「27　16　12」から，「せかい」＝「世界」とわかる。

確認しよう　➡原文と暗号文の文字数の比較→法則の検討→選択肢の確認

正答 2

集合と要素の数

重要問題

　ある高校では，生徒が第二外国語の履修科目としてフランス語または
ドイツ語のいずれかを選択している。この高校の1年生と2年生につい
て次のことが分かっているとき，確実にいえるのはどれか。

【国家一般職／税務／社会人・平成30年度】

- ○　この高校の1年生と2年生は，合わせて400人である。
- ○　1年生の男子は，100人である。
- ○　2年生の男子は，90人である。
- ○　ドイツ語を選択している男子と女子は，同数である。
- ○　フランス語を選択している男子は，2年生の女子と同数である。
- ○　フランス語を選択している女子は，90人である。

1　1年生の女子は，90人である。
2　2年生の女子は，80人である。
3　フランス語を選択している男子は，70人である。
4　ドイツ語を選択している男子は，100人である。
5　ドイツ語を選択している女子は，110人である。

解説

3集合のベン図をかき，各集合の人数をa, b, c, …としてか
ら，連立方程式を立てて解く。

Step❶　各集合をベン図に表す。

暗号・集合・命題

Step 2　各集合の人数を a 〜 h で表す。

Step 3　条件から方程式を立てる。

説明のために，6つの条件を I 〜 VI とする。

条件 I より，　　a＋b＋c＋d＋e＋f＋g＋h＝400　…①

条件 II より，　　　　　　　　　　d＋g＝100　…②

条件 III より，　　　　　　　　　　b＋e＝90　　…③

条件 IV より，　　　　　　　　　　b＋d＝a＋h…④

条件 V より，　　　　　　　　　　e＋g＝c＋h…⑤

条件 VI より，　　　　　　　　　　c＋f＝90　　…⑥

Step 4　選択肢の求める事柄を，方程式から検討していく。

①－②－③－⑥より，a＋h＝120…⑦

　選択肢5のドイツ語を選択している女子（a＋h）が110人は否定できる。

④と⑦より，b＋d＝a＋h＝120…⑧

選択肢4のドイツ語を選択している男子（b＋d）が100人は否定できる。

②＋③－⑧より，e＋g＝70…⑨

　選択肢3のフランス語を選択している男子（e＋g）が70人は正しい。

　念のために検討をつづける。⑤と⑨より，c＋h＝e＋g＝70…⑩

これで，選択肢2の2年生女子（c＋h）が80人は否定できる。

⑥＋⑧－⑩より，a＋f＝140

これで，選択肢1の1年生女子（a＋f）が90人は否定できる。

確認しよう　➡ベン図をかく→連立方程式を立てる→選択肢の検討　　**正答 3**

FOCUS

　集合の問題は，要素を求めるものが多い。本問では，3つの集合（学年・性別・履修）の要素を考えた（2×2×2＝8〔通り〕の要素に分けられる）。これをベン図で整理してから，条件によって関係式をつくって解いていく。連立方程式は1つずつ文字を消去することが基本だが，本問のように選択肢の求める事柄を文字にしておいて，それを作っていくことも必要となる。

要点の まとめ

 重要ポイント ❶ 集合の意味と表し方

 集合の意味を正しくつかみ，それをどう表すかがポイント。ある条件を満たした「もの」の集まりが集合で，その一つ一つのものを要素（元）という。

〈例〉 A市役所の職員 → 集合

　　　一人ひとりの職員 → 上の集合の要素

　　　A市役所の背の高い職員 → 集合でない（高い

　　　低いの判断基準がないから）

　集合の要素は，次の2通りの表し方がある。上の
例でいえば，

　　　A＝｜x｜xはA市役所の職員｝ ⇦ 条件で表す

　　　A＝｜山田，川村，高橋，…｝ ⇦ 個々の人名で表す

A市役所職員でない人

A市役所
の職員

重要ポイント ❷ 全体集合と補集合

　ある集合を考えるとき，その集合の要素になっているか，いないかを判断することがポイント。

　集合を扱うときは，必ず条件がついている。このとき，条件を満たす「もの」を円の中に，満たさない「もの」を円の外で表す。このような図を集合図（ベン図）といっている。

〈例〉 A市役所の職員の集合→A⇦ 図の長方形の内部

　　　A市役所の女子職員の集合→F⇦ 図の円内

このとき，

　　　A市役所の男子職員の集合→M⇦ 図の長方形の内側で円の外側

そこで，集合Mを集合Fの補集合といっている。
また，補集合を表すのに，上の例では，

　　　$\overline{\text{F}}$＝M

のように表すことがある。

A市役所の職員
（男子職員）

A市役所
女子職員

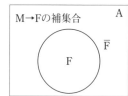

M→Fの補集合　　　　A

$\overline{\text{F}}$

F

重要ポイント ③ 集合の結びと交わり

2つ以上の集合を扱うとき，集合図で2つ以上の円が下図のように重なることがある。この部分の要素の個数が問われやすい。

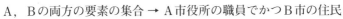

2つの集合A，Bがあって，それらの集合図が右図のようになることがある。

〈例〉集合A → A市役所の職員
　　　集合B → B市の住民

このとき，

　A，Bの両方の要素の集合 → A市役所の職員でかつB市の住民
　　→ AとBの交わり → A∩B

　AかBか少なくとも一方の要素の集合 → A市役所の職員かB市の住民
　　→ AとBの結び → A∪B

このとき，集合Aの要素の数をn（A）で表すと

　n（A∪B）＝n（A）＋n（B）－n（A∩B）

これは，下図のように要素の数を，順にp，q，rとすると

　n（A）＝p＋r，n（B）＝q＋r

　n（A∪B）＝p＋q＋r
　　　　　　＝（p＋r）＋（q＋r）－r

からわかるだろう。

3つ以上の集合についても，同じような計算で要素の数を求められる。

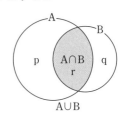

重要ポイント ④ ド・モルガンの法則

次の項目「命題」で多く扱われるが，集合でも補集合についての関係がポイント。

2つの集合A，Bがあると，

$\overline{A∩B}=\overline{A}∪\overline{B}$

$\overline{A∪B}=\overline{A}∩\overline{B}$

いずれも，右の図から理解できるだろう。

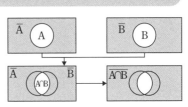

実戦問題

ある学校の生徒150人について，A〜Cの3つのSNSサービスの利用状況を調べたところ，次のア〜エのことがわかった。

ア Aを利用している生徒は83人，Bを利用している生徒は74人，Cを利用している生徒は41人である。

イ Aだけを利用している生徒は43人，Bだけを利用している生徒は26人である。

ウ AおよびBの2つをともに利用している生徒は，AおよびCの2つだけを利用している生徒の4倍の人数である。

エ A〜Cの3つのいずれも利用していない生徒は，AおよびBの2つをともに利用している生徒の$\frac{1}{2}$の人数である。

以上から判断して，A〜Cの3つをすべて利用している生徒の人数として，正しいのはどれか。　　　　　　　　　　　　　【東京都・平成25年度】

1 7人　　　**2** 8人　　　**3** 9人
4 10人　　**5** 11人

ある会社の社員120人について次のア〜ウのことがわかっているとき，確実にいえることとして，最も妥当なのはどれか。　【警視庁・平成27年度】

ア 判断力のある人は52人で，この人たちは創造力も有している。

イ 創造力のある人は68人で，このうち60人は企画力も有している。

ウ 積極性のある人は48人で，この人たちは判断力も有している。

1 企画力はあるが，判断力のない人は最大でも8人までである。
2 判断力はあるが，企画力のない人は1人もいない。
3 積極性があり，企画力を有する人は40人以上いる。
4 積極性はあるが創造力のない人は4人以上12人以下である。
5 企画力，判断力，積極性，創造力のいずれをも有していない人は52人いる。

あるクラスの50人の生徒について，国語が好きな生徒は42人，数学が好きな生徒は36人，英語が好きな生徒は35人，社会が好きな生徒が41人いることがわかっている。このとき，4科目すべて好きな生徒の最少人数として，正しいのはどれか。　　　　　　　　　　　　　【警察官・平成24年度】

1 3人　　　**2** 4人　　　**3** 5人
4 6人　　　**5** 7人

実戦問題●解説

1 3集合のベン図を描き，各集合の人数を a，b，c，…としてから，連立方程式を立てて解く。

Step 1 各集合をベン図に表す

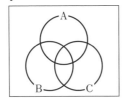

Step 2 各集合の人数を a～h で表し，条件から明らかな数値を書き込む

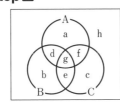

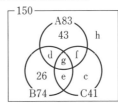

Step 3 ベン図を見ながら方程式を立てる

A を利用している人数より，$d+f+g+43=83$ ……①

B を利用している人数より，$d+e+g+26=74$ ……②

C を利用している人数より，$c+e+f+g=41$ ……③

条件ウより，$d+g=4f$ ……④

条件エより，$h=\dfrac{1}{2}(d+g)$ ……⑤

全体の人数より，$43+26+c+d+e+f+g+h=150$ ……⑥

Step 4 連立方程式を解いて g を求める

④を①に代入すると $5f=40$ となるから，$f=40÷5=8$ である。

④を⑤に代入すると $h=2f$ となるから，$h=2×8=16$ である。

③を⑥に代入すると $d+h=40$ となるから，$d=40-16=24$ である。

$d=24$，$f=8$ を④に代入すると，$24+g=4×8$ となるから，$g=8$ と求まる。

よって，A～C の3つすべてを利用している生徒の人数は8人である。

（ちなみに，$c=9$，$e=16$ である）

☞確認しよう ➡ベン図を描く→連立方程式を立てる→解く 　　　正答 **2**

2 集合のベン図を描き，各選択肢を検討していく。

Step **1** 各集合をベン図に表す

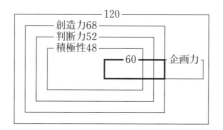

「積極性のある人→判断力のある人→創造力のある人」であるので，それぞれ上のベン図のような関係にある。一方，創造力のある人のうち，企画力も有する人は60人だが，創造力はあっても企画力は有しない人も存在しうるので，上のベン図のように，企画力のある人が創造力のある人からはみ出していることに注意をする。

Step **2** ベン図を見ながら選択肢の検討をする

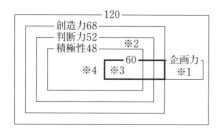

1 ✕ 創造力と企画力があって判断力がない人は8（＝60−52）人以上いる。また，企画力があって，創造力と判断力がない人（※1）はさらに存在しうるので，誤り。

2 ✕ 存在しうる（※2）ので，誤り。

3 ◎ 正しい。次図のように，創造力のある68人の中で，積極性も有する48人と企画力も有する60人をどれだけ離しても，48＋60−68＝40で，☆の部分が40人となる。つまり，積極性があり，企画力も有する人（※3）は40人以上である。

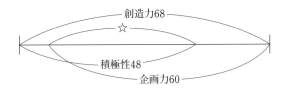

4 × 積極性があれば必ず創造力ももつ（※4）ので，誤り。

5 × 創造力を有していない人は120−68＝52で，52人であるが，創造力は有していなくても，企画力のある人（※1）は存在しうるので，4つのいずれも有していない人は52人未満になりうる。

☞確認しよう ➡ベン図を描く→選択肢を検討する　　　正答 **3**

③ 「4科目すべて好きな生徒」を最少にするには，その反対の条件「少なくとも1科目を好きではない生徒」を最多にする。

Step❶　各科目を好きではない生徒の人数を求める

「4科目すべて好きな生徒」を最少にするために，「少なくとも1科目を好きではない生徒」を最多にする。よって，各科目を好きではない生徒の人数を求めておく。

国語が好きではない生徒は，50−42＝8［人］

数学が好きではない生徒は，50−36＝14［人］

英語が好きではない生徒は，50−35＝15［人］

社会が好きではない生徒は，50−41＝9［人］

Step❷　少なくとも1科目を好きではない生徒を最多にする

少なくとも1科目を好きではない生徒を最多にするには，1科目だけが好きではない生徒を最多にすればよい。

それは8＋14＋15＋9＝46［人］　　となる。

Step❸　4科目すべて好きな生徒の最少人数を求める

50−46＝4［人］

☞確認しよう ➡問題の条件を検討する→計算する　　　正答 **2**

テーマ 3 命題の真偽

重要度

重要問題

　ある集団を対象として持ち物について尋ねたところ，次のことがわかった。このとき，論理的に確実にいえるのはどれか。

【国家一般職／税務／社会人・平成26年度】

○　ライターを持っている人は，タバコを持っている。

○　ハンカチを持っていない人は，手帳を持っていない。

○　タバコを持っている人は，手帳と折りたたみ傘の両方を持っている。

1　手帳を持っていない人は，ハンカチを持っていない。

2　手帳を持っている人は，ライターを持っている。

3　タバコを持っていない人は，折りたたみ傘を持っていない。

4　ライターを持っている人は，ハンカチを持っている。

5　折りたたみ傘を持っている人は，タバコを持っている。

解説

命題を記号化して，三段論法を使って結論を導く。

Step **1**　与えられた命題を記号で表す

　ライターを持っていることを「ラ」，ライターを持っていないことを「ラ̄」と表す。また，必要に応じて，ド・モルガンの法則や対偶を使って条件を整理する（使う必要の有無が判断できなければ，とりあえず表しておけばよい）。

　説明のために与えられた命題を順に①，②，③とする。

　　ラ→タ　……①，　タ̄→ラ̄　……①の対偶

　　ハ̄→手̄　……②，　手→ハ　……②の対偶

　　タ→手∩傘　……③，　手̄∩傘̄→タ̄　……③の対偶

　　　　　　　　　　　手̄∪傘̄→タ̄　……③のドモ

Step **2**　各選択肢の正否を，三段論法を使って順に調べていく

1 ✕　③のドモと①の対偶より，

　　手̄→タ̄→ラ̄　となるが，ハンカチにはつながらない。

2 ✕　②の対偶より，

　　手→ハ　となるが，ライターにはつながらない。

3 ✕　①の対偶より，

　　タ̄→ラ̄　となるが，折りたたみ傘にはつながらない。

4 ◎　正しい。①と③と②の対偶より，

　　ラ→タ→手→ハ　となり，ライターを持っている人はハンカチを持っているといえる。

5 ✕　傘から入れる命題がなく，タバコにつながらない。

確認しよう　➡命題・選択肢の記号化→三段論法

正答 **4**

FOCUS

　命題の問題では，必ず記号化して三段論法を使って推論が正しくできるかを調べていく。そのときに，対偶やド・モルガンの法則を使うことが多い。
　P→Q∩Rのときは，P→QやP→Rが成り立ち，S∪T→Wのときは，S→WやT→Wが成り立つことに注意する。

要点の まとめ

重要ポイント ❶ 命題とその表し方

ある事柄を述べた文章が，正しいか正しくないかを判断するために，「～ならば～」の形に整理できるかどうかがポイント。

　ある事柄を述べた文章があって，それが正しいか正しくないかがはっきりと決められるものを**命題**という。その命題が正しいときには**真**，正しくないときには**偽**といっている。命題は，普通「～ならば～」の形で表され，

$$P \rightarrow Q$$

とかく。

```
P ———→ Q
↑       ↑
仮定     結論
```

重要ポイント ❷ 命題と集合の関係

命題は，集合に置き換えたほうがわかりやすくなる場合がある。

〈例〉命題「公務員には守秘義務がある」に対して

公務員である人　　：命題P
守秘義務のある人：命題Q　　$\Big\}$ P → Q

このとき

公務員の集合　　　　　　→ P
守秘義務のある人の集合 → Q　$\Big\}$ P ⊂ Q

このように，命題は集合に対応させられる。

(注) 守秘義務のある人は，公務員以外にも弁護士など数多くいる。

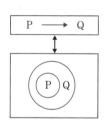

```
P ———→ Q
   ↕
 ( P Q )
```

重要ポイント ❸ 命題の否定と逆・裏・対偶

命題P→Qに対して，その逆・裏・対偶を正しく作れるようにしよう。「元の命題が正しいとき，その対偶も必ず正しい」ことが使えるかどうかも重要。

命題Pの否定を$\overline{P}$で表すとき

命題P→Qに対して　　　逆　　$Q \rightarrow P$
　　　　　　　　　　　　裏　　$\overline{P} \rightarrow \overline{Q}$
　　　　　　　　　　　　対偶　$\overline{Q} \rightarrow \overline{P}$

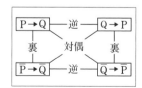

ここで，逆，裏は必ずしも正しいとは限らないが，対偶は必ず正しい。

このことは，右の集合図を見れば理解できるだろう。

 重要ポイント④ 命題の「かつ」と「または」

2つの命題を「かつ」や「または」で結びつけて新しい命題を作ったとき，それらが正しいか，正しくないか判断できるようになろう。

2つの命題P，Qに対して

　PかつQ　→ P∧Q ⇔ 集合でP∩Q

　PまたはQ → P∨Q ⇔ 集合でP∪Q

と表し，集合と対応する。

 重要ポイント⑤ ド・モルガンの法則

2つの命題P∧QやP∨Qの否定を作れるかどうかがポイント。

2つの命題P，Qに対して

$$\left.\begin{array}{l} \overline{P \wedge Q} = \overline{P} \vee \overline{Q} \\ \overline{P \vee Q} = \overline{P} \wedge \overline{Q} \end{array}\right\} \rightarrow \text{ド・モルガンの法則}$$

もちろん，これも集合に対応させると容易にわかる。

 重要ポイント⑥ 三段論法

3つ以上の命題があったとき，三段論法を正しく使えるようにしておこう。

3つの命題P，Q，Rがあって

　P → Q　かつ　Q → Rのとき，P → R

が成り立つ。これが三段論法で，多くの問題を解くのに役立つ。

実戦問題

1 次のアとイの命題から論理的にウが導かれるとき，アに当てはまる命題として，最も妥当なのはどれか。　　　　　　【東京消防庁・平成22年度】

　ア「　　　　　　　　　　　　　　　　　　」

　イ「Aは外国語を話せない。」

　ウ「よって，Aは海外旅行が好きではない。」

1　外国語を話せる人は，海外旅行が好きである。

2　外国語を話せない人は，海外旅行が好きではない。

3　外国語を話せない人は，海外旅行が好きである。

4　海外旅行が好きでない人は，外国語を話せる。

5　海外旅行が好きでない人は，外国語を話せない。

2 ある学校において，生徒に対し3か所の観光地A～Cへ行ったことがあるかどうかのアンケートを行ったところ，ア，イのことがわかった。このとき，確実にいえるのはどれか。　　　　　　【警察官・平成29年度】

　ア　Aに行ったことがある者は，全員Cにも行ったことがある。

　イ　全員が1か所以上に行ったことがあるが，3か所すべてに行ったことがある者はいない。

1　Aに行ったことがない者は，全員Cにも行ったことがない。

2　Cに行ったことがある者は，全員Aにも行ったことがある。

3　Bにだけ行ったことのある者がいる。

4　Aに行ったことがある者は，全員Bに行ったことがない。

5　Bに行ったことがある者は，全員Cに行ったことがない。

3 あるクラスの生徒について，次のことが分かっているとき，論理的に確実にいえるのはどれか。　　　【国家一般職／税務／社会人・令和元年度】

　○　体育が好きな生徒は，ダンスが好きであり，かつ，音楽が好きである。

　○　音楽が好きな生徒は，ダンスが好きであるか，または，英語が好きである。

1　音楽が好きな生徒は，体育が好きである。

2　英語が好きな生徒は，体育が好きである。

3　英語が好きではない生徒は，音楽が好きではない。

4　ダンスが好きではなく，かつ，英語が好きではない生徒は，体育が好きではない。

5　体育が好きな生徒は，ダンスが好きであり，かつ，英語が好きである。

実戦問題●解説

1 命題を記号化して，三段論法を使って結論を導く。

Step 1　与えられた命題と1～5の選択肢を記号を使って表す

イ　$A→\overline{外}$

ウ　$A→\overline{海}$

1　$外→\overline{海}$

2　$\overline{外}→\overline{海}$

3　$\overline{外}→海$

4　$\overline{海}→外$

5　$\overline{海}→\overline{外}$

Step 2　アに当てはまる命題を検討する

ウは$A→\overline{海}$なので，ウの結論を導くためには，イの$A→\overline{外}$に続けて，$\overline{外}→\overline{海}$の条件があればよい。よって，選択肢の**2**がアに該当する。

☞確認しよう　➡命題・選択肢の記号化→三段論法　　　　　　　　　正答 **2**

2 命題を記号化して，三段論法を使って結論を導く。

Step 1　与えられた命題を記号で表す。

Aに行ったことがある者を「A」，Aに行ったことがない者を「$\overline{A}$」と表す。また，対偶をとって命題を整理しておく。

ア：$A→C$，　　ア対偶：$\overline{C}→\overline{A}$

Step 2　各選択肢の正否を，三段論法を使い，順に調べていく。

1　$\overline{A}$から検討できる命題がないので，この結論は導けない。

2　Cから検討できる命題がないので，この結論は導けない。

3　Bに行ったかどうかを検討できる命題はない。また，Bに行ったことがある者がいたとしても，そのものがCに行ったことを否定できないので，この結論は導けない。

4　ア：$A→C$より，Aに行ったことがある者は全員Cに行っている。また，その者がBにも行ったことがあるとすると，命題イに反する。よって，Aに行ったことがある者は全員Cに行っているが，Bには行っていない。よって，この命題は正しい。

5 Bから検討できる命題がないので，この結論は導けない。

(ア確認しよう) ➡命題と対偶の記号化→三段論法　　　　　　　**正答 4**

③ 与えられた命題，その対偶，ド・モルガンの法則を使った命題を記号化して，結論を導く。

Step 1 与えられた命題とその対偶，ド・モルガンの法則を利用した命題を記号で表す。

　説明のために，2つの命題を順にⅠ，Ⅱとする。体育が好きな生徒を「体」，好きではない者を「$\overline{体}$」などとする。Ⅰ，Ⅱの命題を記号で表し，その対偶も成り立つので記号化しておく。

Ⅰ：体→ダ∩音，これを分けて表記して，Ⅰ₁：体→ダ，Ⅰ₂：体→音，これらの対偶もとっておく，Ⅰ₁対偶：$\overline{ダ}$→$\overline{体}$，Ⅰ₂対偶：$\overline{音}$→$\overline{体}$

Ⅱ：音→ダ∪英，対偶は，Ⅱ対偶：$\overline{ダ∪英}$→$\overline{音}$，さらにド・モルガンの法則を使って，Ⅱ対偶ドモ：$\overline{ダ}$∩$\overline{英}$→$\overline{音}$

Step 2 各選択肢の正否を，三段論法を使い，順に調べていく。

1　Ⅱより音→ダ∪英だが，ダからも，英からも導けるものはなく，これ以上は導けない。

2　英から導けるものはない。

3　Ⅱ対偶ドモ：$\overline{ダ}$∩$\overline{英}$→$\overline{音}$はあるが，$\overline{英}$だけから導けるものはない。

4　Ⅱ対偶ドモ：$\overline{ダ}$∩$\overline{英}$→$\overline{音}$と，Ⅰ₂対偶：$\overline{音}$→$\overline{体}$より，合わせて$\overline{ダ}$∩$\overline{英}$→$\overline{音}$→$\overline{体}$となり，$\overline{体}$が導かれる。

5　Ⅰ₁：体→ダ，Ⅰ₂：体→音より，体育が好きな生徒はダンスが好きであることは導ける。さらに，Ⅱ：音→ダ∪英より，ダンスまたは英語がすきであることは導かれるが，これは英語が必ずしも好きであることにはならない。

(ア確認しよう) ➡命題と対偶の記号化，ド・モルガンの法則の利用→三段論法

正答 4

第2章

文章で表された条件

重要度

テーマ 4 対応関係

重要問題

　ある店でA〜Fの6人が，それぞれ，オレンジジュースと紅茶の2種類の飲み物からいずれか1つ，ワッフル，ドーナツ，タルトの3種類の菓子からいずれか1つを注文した。次のことが分かっているとき，確実にいえるのはどれか。　【国家一般職／税務／社会人・平成29年度】

○　A，D，Fは紅茶を注文した。

○　Aはドーナツを注文しなかったが，Eはドーナツを注文した。

○　BとFはタルトを注文した。

○　BとEは，注文した飲み物と菓子の少なくとも一方が同じであった。また，CとFも，注文した飲み物と菓子の少なくとも一方が同じであった。

○　6人中2人は，注文した飲み物と菓子が両方とも同じであり，他にそのような2人はいなかった。

○　ワッフル，ドーナツ，タルトを注文したのは，それぞれ2人であった。

1　Bは紅茶を注文した。
2　Cはドーナツを注文した。
3　Dはワッフルを注文した。
4　Eはオレンジジュースを注文した。
5　オレンジジュースを注文したのは，3人であった。

解説

各人と飲み物・菓子についての対応表を作り，条件によって○，×をうめていく。行き詰まったら，場合分けをする。

Step①　A〜Fと飲み物，菓子についての対応表をつくる。

　説明のために，6つの命題を順にⅠ〜Ⅵとする。

6つの条件を整理すると，次のような表ができる。飲み物・菓子はいずれか1つなので，「○」が入ったものの横には「×」を入れる。また，条件Ⅵより，タルトを注文したのは2人なので，2人が決まったタルトには縦に×を入れる。

さらに，Aはワッフル以外に「×」が入ったので，ワッフルに「○」をする。

	オレンジジュース	紅茶	ワッフル	ドーナツ	タルト	
A	×	○	○	×	×	
B			×	×	○	Eと少なくとも一方が同じ
C					×	Fと少なくとも一方が同じ
D	×	○			×	
E			×	○	×	Bと少なくとも一方が同じ
F	×	○	×	×	○	Cと少なくとも一方が同じ
			2人	2人	2人	6人中2人だけが両方とも同じ

Step 2 条件ⅣとⅤを使って，表をうめていく。

条件Ⅳより，CとFの少なくとも一方が同じであるが，菓子は同じにならないので，飲み物は同じ紅茶に決まる。また，条件Ⅳより，BとEの少なくとも一方が同じであるが，菓子は同じにならないので，飲み物は同じである。ここで，BとEの飲み物が紅茶であるとすると，全員の飲み物が紅茶になり，飲み物と菓子が両方とも同じ2人が3組もできることになり，これは条件Ⅴに反する。よって，BとEの飲み物はオレンジジュースに決まる。

	オレンジジュース	紅茶	ワッフル	ドーナツ	タルト	
A	×	○	○	×	×	
B	○	×	×	×	○	Eと少なくとも一方が同じ
C	×	○			×	Fと少なくとも一方が同じ
D	×	○			×	
E	○	×	×	○	×	Bと少なくとも一方が同じ
F	×	○	×	×	○	Cと少なくとも一方が同じ
			2人	2人	2人	6人中2人だけが両方とも同じ

Step③ 場合分けをして残りの表をうめ，選択肢をチェックする。

　残るＣとＤの菓子は，ワッフルとドーナツのどちらでも条件を満たすので，場合分けをして，表を２つ作成する。Ｃがワッフルのときは，ＡとＣが両方とも同じになり，Ｄがワッフルのときは，ＡとＤが両方とも同じになる。

	オレンジジュース	紅茶	ワッフル	ドーナツ	タルト	
A	×	○	○	×	×	
B	○	×	×	×	○	Eと少なくとも一方が同じ
C	×	○	○	×	×	Fと少なくとも一方が同じ
D	×	○	×	○	×	
E	○	×	×	○	×	Bと少なくとも一方が同じ
F	×	○	×	×	○	Cと少なくとも一方が同じ
			2人	2人	2人	6人中2人だけが両方とも同じ

表1

	オレンジジュース	紅茶	ワッフル	ドーナツ	タルト	
A	×	○	○	×	×	
B	○	×	×	×	○	Eと少なくとも一方が同じ
C	×	○	×	○	×	Fと少なくとも一方が同じ
D	×	○	○	×	×	
E	○	×	×	○	×	Bと少なくとも一方が同じ
F	×	○	×	×	○	Cと少なくとも一方が同じ
			2人	2人	2人	6人中2人だけが両方とも同じ

表2

　ここで，選択肢を検討する。

1× 表1・表2ともに，Bはオレンジジュースを注文した。

2× 表1のとき，Cはワッフルを注文した。

3× 表1のとき，Dはドーナツを注文した。

4◎ 表1・表2ともに，Eはオレンジジュースを注文した。

5× 表1・表2ともに，オレンジジュースを注文したのは，2人であった。

☞確認しよう　➡条件から対応表をかく→場合分け→選択肢のチェック

正答 4

FOCUS

　条件から，対応関係を読み取り，対応表をつくる。このとき，何通りかが考えられるときは場合分けが必要となることがあり，矛盾が発生することもあれば，どちらも成り立つ可能性がある場合もある。

第2章

要点の

重要ポイント ❶ 対応についての表を作る

> 対応関係を正しくつかみ，対応表を作れるかどうかがポイント。
> 1対1の対応関係なら○が入れば×も決まる。

対応表は右のようなかたちが基本。

〈例〉Bとcが対応しない

　　→Bとcの交わったところ

　　→×

これで，Bとcは関係のないことがわかる。

	a	b	c	d	e
A					
B			×		
C					
D					

〈例〉Cとdが対応する

　　→Cとdの交わったところ

　　→○

このとき，大切なのは，

　　Cの行のd以外→すべて×

　　dの列のC以外→すべて×

	a	b	c	d	e
A				×	
B				×	
C	×	×	×	○	×
D				×	

これで，A，B，Dとa，b，c，eの対応しない部分→決定

これを忘れると，話が前へ進まない。

　以上から，×は1つ入れるとそれで終わるが，○は1つ入れるとそれに応じて×がいくつも入ることになる。もちろん，このことがいえるのは対応が1対1になっているときだけである。

重要ポイント ❷ 条件を見落とさずに記入する

> 何通りかの場合が考えられるときは，表の段を増やして，考えられる組合せをすべて記入する。

対応の関係の中で，

〈例〉ある工場などで，ある週の中で2日おきに出勤。

　　　→何通りもありうる。

　　　→右表。

月	火	水	木	金	土	日
○			○			
	○			○		
		○			○	
			○			○

文章で表された条件

重要ポイント③ 矛盾を見つけ出す

条件を使って対応表を作っていくと，矛盾に突き当たることがある。このときには，矛盾しないように表を埋めていく。

〈例〉 右の対応表で，すでに黒い×が入っているとする。

　　男性：A，B，C，D

　　女性：E，F，G，H

　で，男性と女性のペアを作る。

　　BとE　×→矛盾

　　（こうすると女性Eは男性とペアになれない）

　　→BとE　○

	A	B	C	D
E	×	○	×	×
F				
G	×		×	
H				

重要ポイント④ 対応表は埋まらないことがある

対応表に空欄が残ってしまったときは，「いえること」と「いえないこと」を正しく見分けよう。

　条件によって対応表を作り，順次埋めていったとき，空欄が残ることがある。

〈例〉 右の表のように条件によって○，×を埋める。

　　　→Bとa，Cとa，Cとbは空欄。

　　　→この3者の関係は何ともいえない。

　　　→関係について，判断不可能。

	a	b	c	d
A	○	×	×	×
B		×	○	×
C			×	○

40

実戦問題

1 陸上部に所属するA〜Eの5人は，次の大会で短距離走，長距離走，ハードル，走り幅跳び，砲丸投げに出場することになった。次のア〜キのことがわかっているとき，確実にいえることとして，最も妥当なのはどれか。

【東京消防庁・平成28年度】

ア A，D，Eはそれぞれ2種目に出場し，B，Cはそれぞれ3種目に出場する。

イ 短距離走，走り幅跳び，砲丸投げには2人が出場し，長距離走，ハードルには3人が出場する。

ウ AとEは出場する種目が異なる。

エ BとCは2種目同じ種目に出場する。

オ Aは長距離走には出場するが，砲丸投げには出場しない。

カ BとEはともに短距離走に出場する。

キ Eはハードルに出場するが，Bは出場しない。

1 Aはハードルに出場する。

2 BはAと同じ種目には出場しない。

3 Cは長距離走に出場しない。

4 Dは走り幅跳びに出場する。

5 Eは砲丸投げに出場する。

2 あるレストランのコースメニューでは，メイン料理を魚または肉から，デザートをプリン，シャーベットまたはケーキから，飲み物をコーヒーまたは紅茶からそれぞれ選んで注文する。コースの基本料金は1,000円で，メイン料理に肉を選んだ場合と，デザートにケーキを選んだ場合には，それぞれ500円の追加料金がかかる。

数名のグループでレストランに行き，それぞれコースメニューを注文したところ，メイン料理，デザート，飲み物の組合せが同じだった者はおらず，料理の合計は8,000円であった。

このとき，支払金額が1,000円であった者，1,500円であった者，2,000円であった者の人数の組合せは何通りあるか。【国家一般職・平成25年度】

1 2通り

2 4通り

3 5通り

4 8通り

5 12通り

3 駅前にあるデパートで，A～Eの5人が買い物をした。5人の買い物の状況についてア～キのことがわかっている。

ア　デパートは1階から5階まである。

イ　5人は応接セット，洋服，時計，テレビ，おもちゃのうち，それぞれ異なる1点ずつを買ったが，それらはすべて異なる階で売られている。

ウ　Aは2階で買い物をした。

エ　BはCが買い物をした階より1つ上の階で時計を買った。

オ　Dは応接セットを買った。

カ　おもちゃが売られているのは3階である。

キ　テレビが売られているのは，洋服が売られている階より3つ上の階である。

　　このとき，次のうちで正しいのはどれか。　　　【警察官・平成23年度】

1　洋服が売られているのは1階である。

2　Cはテレビを買った。

3　時計が売られているのは5階である。

4　Eはテレビを買った。

5　応接セットが売られているのは2階である。

4 A～Dの4人が，お土産を1個ずつ持ち，ある場所で待ち合わせをした とき，4人の持ってきたお土産，交通手段及び到着した順序について，次のことが 分かった。　　　　　　　　　　　　　　　　【東京都・令和2年度】

ア　Aは，徒歩で到着した人の直前に，クッキーを持って到着した。

イ　Cは，Aと同じ交通手段で，Dの直後に到着した。

ウ　ケーキを持ってきた人は，最後に到着した。

エ　ゼリーを持ってきた人は，自転車で到着した。

オ　バスで到着した人は，クッキーを持って，最初に到着した。

カ　2番目に到着した人は，自転車で到着した。

　　以上から判断して，確実にいえるのはどれか。ただし，同時に到着した人はいないものとする。

1　Aは自転車で到着した。

2　Bはクッキーを持って到着した。

3　Cは3番目に到着した。

4　自転車で到着した人は，1人だった。

5　4番目に到着した人は，ゼリーを持ってきた。

5 食堂に8人席のテーブルがあり，ある日の昼食時間帯の利用状況をみると，A〜Eの5組が，座席を交代で利用していた。A〜Eの各組の人数は，それぞれ5人，4人，3人，3人，2人であった。次のことがわかっているとき，5組のうち最後から2番目に利用を開始したのは，どの組か。なお，同じ組の者は必ず同時に利用しており，また，同じ組が二度以上利用することはなかった。 【国家一般職／税務／社会人・平成28年度】

○ テーブル全体で，交替時を除き，常に7人以上が利用していた。

○ 初めにA〜Eのうち2組が利用しており，そのうち1組が先に退席して，別の1組と交替した。その後は，常に，先に利用を開始した組のほうが先に退席して，別の1組と交替したが，最後の2組は昼食時間の終了と同時に退席した。

○ Dは，A，Bとそれぞれ同時に利用していた時間があった。

○ Eは，満席のため，しばらく席が空くのを待つ時間があった。

1 A

2 B

3 C

4 D

5 E

6 A～Dの4人は，それぞれ2か国に出張した。今，この4人の間で次のア～カのことがわかっているとき，Cの出張先はどれか。ただし，A～Dが訪れた出張先は，インド，オランダ，カナダ，韓国，中国，ドイツ，ブラジル，メキシコの8か国で，出張先の重複はなかったものとする。

ア　Bは，ブラジルに出張した人からおみやげをもらった。

イ　ブラジルに出張した人は，中国に出張した人からおみやげをもらった。

ウ　Bは，出張に出発する際，カナダに出張した人，メキシコに出張した人，中国に出張した人の3人と食事をした。

エ　オランダに出張した人は，カナダに出張した人とブラジルに出張した人の2人から出張先に電子メールをもらった。

オ　Dは出張先から，オランダに出張した人とブラジルに出張した人の2人に国際電話をかけた。

カ　B，C，インドに出張した人，オランダに出張した人の4人は，互いに出張先の報告書を見せ合った。

1 カナダと韓国

2 カナダとブラジル

3 韓国と中国

4 中国とドイツ

5 ブラジルとメキシコ

実戦問題●解説

第2章

文章で表された条件

1 A～Eの5人と5つの種目についての表を作り、条件によって○、×をうめていく。

Step 1 条件から明らかなものについて表をつくる

条件ア、イより、出場数をうめる。

条件ウ、エをメモする。

条件オ、カ、キより、出場種目を書き込む。短距離走2人が決まったので、他を×にする。Eの2種目が決まったので、他を×にする。

	短	長	ハ	幅	砲	出場
A	×	○			×	2
B	○		×			3
C	×					3
D	×					2
E	○	×	○	×	×	2
出場	2	3	3	2	2	

（すべて異／2種同）

Step 2 条件ウから表をうめる

　AとEは種目が異なるので、Aはハードルに出場しない。よって、C・D・Eの3人がハードルと決まる。また、Aは長距離走・走り幅跳びの2種目に決まる。

	短	長	ハ	幅	砲	出場
A	×	○	×	○	×	2
B	○		×			3
C	×		○			3
D	×		○			2
E	○	×	○	×	×	2
出場	2	3	3	2	2	

（すべて異／2種同）

Step 3 条件エから表をうめる

　BとCは2種目同じ種目に出場するが、走り幅跳びは2人しか出場しない。よって、BとCの同じ2種目は、長距離走・砲丸投げに決まる。あとは、出場数の関係から表を完成させる。

	短	長	ハ	幅	砲	出場
A	×	○	×	○	×	2
B	○	○	×	×	○	3
C	×	○	○	×	○	3
D	×	×	○	○	×	2
E	○	×	○	×	×	2
出場	2	3	3	2	2	

（すべて異／2種同）

Step 4 完成した表から選択肢をチェックする

1 × Aはハードルに出場していない。

2 × AとBはともに長距離走に出場している。

3 × Cは長距離走に出場している。

4 ◎ 正しい。

5 × Eは砲丸投げに出場していない。

☞確認しよう ➡条件から対応表をうめる→選択肢のチェック　　**正答 4**

2 コースメニューの組合せとしてありえるもの，支払金額の組合せとしてありえるものをすべて書き出す。

Step❶ コースメニューの組合せをすべて書き出す

検討をしやすくするため，金額の高いものから順に並べていく。

肉	魚	ケーキ	プリン	シャーベット	コーヒー	紅茶	金額
◯		◯			◯		2000円
◯		◯				◯	2000円
◯			◯		◯		1500円
◯			◯			◯	1500円
◯				◯	◯		1500円
◯				◯		◯	1500円
	◯	◯			◯		1500円
	◯	◯				◯	1500円
	◯		◯		◯		1000円
	◯		◯			◯	1000円
	◯			◯	◯		1000円
	◯			◯		◯	1000円

表より，2000円が2組，1500円が6組，1000円が4組ある。

Step❷ 支払合計が8000円になる支払いの組合せを書き出す

漏れを防ぐため，高額が多い場合ものからなど，順序に注意して書き出す。

| | 2000円 | 1500円 | 1000円 |
	2組	6組	4組
①	4	0	0
②	3	0	2
③	2	2	1
④	2	0	4
⑤	1	4	0
⑥	1	2	3
⑦	1	0	6
⑧	0	4	2
⑨	0	2	5
⑩	0	0	8

　支払合計が8,000円となる組合せは10通りあるが，コースメニューの組合せが同じだった者はいないので，2,000円が2人，1,500円が6人，1,000円が4人を超えることはない。

　よって，求める支払金額の人数の組合せは，③・④・⑤・⑥・⑧の5通りとなる。

確認しよう　➡条件から表をすべて書く→条件に合うものに絞る　　正答 3

③ A～Eの5人とそれらの購入品，売り場の階数について，わかっているものから表を作る。

Step 1 わかっているものから表を作る
　条件ウとカから，表を作る（表1）。

表1

5階		
4階		
3階	おもちゃ	
2階		A
1階		

Step**2**　条件キで場合分けする

売り場の階数の関係から，2通りに場合分けできる。

表2-i

5階	テレビ	
4階		
3階	おもちゃ	
2階	洋服	A
1階		

表2-ii

5階		
4階	テレビ	
3階	おもちゃ	
2階		A
1階	洋服	

Step**3**　残りの条件で，対応表を埋めていく

表2-iから，条件エよりBは4階で時計を
買い，Cは3階で買い物をしている。また，条
件オより，Dは1階で応接セットを買ってい
る。残りの5階でテレビを買ったのはEである
（表3-i）。

表3-i

5階	テレビ	E
4階	時計	B
3階	おもちゃ	C
2階	洋服	A
1階	応接セット	D

表2-iiから，条件エよりBは5階で時計を買
い，Cは4階で買い物をしている。しかし，条件
オを満たすことができない。よって，この場合分
けは不適である（表3-ii）。

表3-ii

5階	時計	B
4階	テレビ	C
3階	おもちゃ	
2階		A
1階	洋服	

Step**4**　表3-iから，選択肢をチェックする

1✕ 洋服が売られているのは2階である。

2✕ Cはおもちゃを買っている。

3✕ 時計が売られているのは4階である。

4◎ 正しい。

5✕ 応接セットが売られているのは1階である。

☞確認しよう ➡条件から対応表を作る→場合分け→選択肢のチェック　　正答 **4**

④　A〜Dとそれらのお土産，交通手段，到着順について，わかっているもの
から表をつくる。

Step❶　具体的にわかっているものから表をつくる。

　条件アとイから，AとDは誰かの直前であるので，4番目ではない。

　また，条件イから，CはDの直後であるので，1番目ではない。

	お土産	交通手段	1番目	2番目	3番目	4番目	
A	クッキー	⌐				×	徒歩の直前
B							
C		⌐	×				Dの直後
D						×	Cの直前
	ゼリーは自転車	バス, クッキー	自転車		ケーキ		

Step❷　DとCの到着順で場合分けする。

　DとCは連続しているので，ⅰ（1番目，2番目），ⅱ（2番目，3番目），
ⅲ（3番目，4番目）のいずれかであるので，3通りに場合分けして検討す
る。

　ⅰ（1番目，2番目）のとき，
Dはクッキーとバス，Cは自転車
に決まる。

条件イより，Aも自転車と決ま
る。

残るBはまだ誰の手段でもない

ⅰ

	お土産	交通手段	1番目	2番目	3番目	4番目	
A	クッキー	自転車	×	×	○	×	徒歩の直前
B	ケーキ	徒歩	×	×	×	○	
C	ゼリー	自転車	×	○	×	×	Dの直後
D	クッキー	バス	○	×	×	×	Cの直前
	ゼリーは自転車	バス, クッキー		自転車	ケーキ		

徒歩に決まり，条件アより，Aは徒歩の直前なので，Aが3番目，Bが4番
目に決まる。また，条件ウよりBのお土産はケーキに決まる。

　条件エより，自転車で，まだお土産の決まっていないCがゼリーに決ま
る。

ⅱ（2番目，3番目）のとき，D
は自転車に決まる。

　Aは，残る1番目に決まり，バ
スとクッキーになる。条件イよ
り，Cもバスに決まる。

残るBは4番目で，まだ誰の手段

ⅱ

	お土産	交通手段	1番目	2番目	3番目	4番目	
A	クッキー	バス	○	×	×	×	徒歩の直前?
B	ケーキ	徒歩?	×	×	×	○	
C		バス	×	×	○	×	Dの直後
D		自転車	×	○	×	×	Cの直前
	ゼリーは自転車	バス, クッキー	自転車		ケーキ		

でもない徒歩に決まるが，これだと条件アのAが徒歩の直前という条件を満

たさない。つまり，場合分け ii は不適となる。

　iii（3番目，4番目）のとき，
Cはケーキに決まる。

iii

	お土産	交通手段	1番目	2番目	3番目	4番目	
A	クッキー	自転車		○	×	×	徒歩の直前
B					×	×	
C	ケーキ	自転車	×	×	×	○	Dの直後
D				×	○	×	Cの直前
	ゼリーは自転車？	バス，クッキー	自転車	徒歩	ケーキ		

　条件アより，Aは徒歩の直前なので，2番目が自転車だから，1番目ではなく，残る2番目と決まる。また，Aは自転車と決まる。

　条件イより，Cも自転車に決まり，BかDがバスまたは徒歩ということになるが，AとCはともにゼリーではないので，これは条件エを満たさない。つまり，場合分け iii は不適となる。

Step 3　場合分け i から，選択肢をチェックする。

1 ◎ Aは自転車である。

2 × Bはケーキである。

3 × Cは2番目である。

4 × 自転車はAとCの2人である。

5 × 4番目のBはケーキである。

『確認しよう』 ➡条件から対応表をかく→場合分け→選択肢のチェック　　**正答** 1

---

⑤ 5組の利用状況についての図をつくり，条件からわかるものからうめていく。

Step 1　条件から図をつくる

常に2組が利用をしているので，利用状況を整理する図を作る。

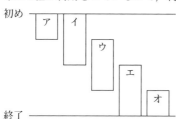

Step 2　条件から明らかなもので図をうめていく

常に7人以上が利用しているのだから，利用している2組のうちどちらかは，A（5人）またはB（4人）である。たとえば，C（3人）＋D（3人）

50

では6人であり，7人以上にならない。→AまたはBが，イまたはエ

　Dは A，Bとそれぞれ同時に利用していた。

　　　　　　　　　　　　→Dはウ，残りのCまたはEがアまたはオ

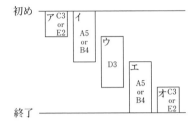

Step3　Eの位置を決めて順に確定していく

　Eは席を待つ時間があったので，アではない。→Eはオ，Cはア

　E（2人）がオなので，A（5人）がエでなければ7人以上にならない。

→Aはエ，Bはイ

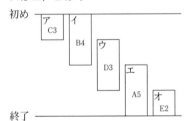

　よって，最後から2番目に利用を開始したのはAである。

　確認しよう　➡条件から対応表をうめる→選択肢のチェック　　**正答　1**

A～Dの4人と出張先についての表を作り，条件によって○，×をうめてい
く。出張先の重複がないことから誰と誰が別人であるかに注意する。

Step❶ 条件から明らかなものについて表をつくる

　おみやげのやりとり，食事，電子メール，国際電話，報告書の見せ合いを
した者どうしは別人であるので，条件をまとめると表1のようになる。

	インド	オランダ	カナダ	韓国	中国	ドイツ	ブラジル	メキシコ
A								
B	×	×	×		×		×	×
C	×	×						
D		×					×	

表1

　表1より，Bは韓国とドイツに出張をしたことに決まる。また，オランダ
に行ったのはAであり，オランダとインドは別人なので，インドはAではな
い。ここまでをまとめる。（表2）

	インド	オランダ	カナダ	韓国	中国	ドイツ	ブラジル	メキシコ
A	×	○		×		×		
B	×	×	×	○	×	○	×	×
C	×	×		×		×		
D		×		×		×	×	

表2

Step❷ 表2から残りをうめていく

　表2からインドに行ったのはDである。次にCの出張先を考えるが，カナ
ダ・中国，カナダ・ブラジル，カナダ・メキシコ，中国・ブラジル，中国・
メキシコは別人が行くので，Cはブラジル・メキシコと決まる。この段階で
解答ができるが，念のため表を完成させておく。

	インド	オランダ	カナダ	韓国	中国	ドイツ	ブラジル	メキシコ
A	×	○	×	×	○	×	×	×
B	×	×	×	○	×	○	×	×
C	×	×	×	×	×	×	○	○
D	○	×	○	×	×	×	×	×

表3

以上より，Cの出張先はブラジルとメキシコである。

確認しよう ➡条件から対応表をうめる→選択肢のチェック　　正答 5

文章で表された条件

テーマ **5**

順序関係

重要度

重要問題

　A～Eの5人が身長の高い順に並んでいる。今，次のア～オのことがわかっているとき，5人の並ぶ順番として妥当なのはどれか。

【特別区・平成26年度】

ア　AとCの身長の差は4cmである。

イ　Bの身長は170cmで最も高く，2番目に身長の高い人との差は5cmである。

ウ　CとEの身長の差は10cmである。

エ　DとCの身長の差は3cmである。

オ　5人の平均身長は161cmである。

1　B－A－C－D－E

2　B－A－C－E－D

3　B－C－D－E－A

4　B－E－C－A－D

5　B－E－C－D－A

解説

　選択肢に順番の候補があるのだから，条件からわかることを選択肢に書き込んでいく。

Step❶　選択肢でわかっている条件を書き込んでいく

平均身長161cmとの差を選択肢に書き込んでいく。

　→Bは170cmなので＋9cm，2番目に高い人は＋4cmになる。

　　1　B　－　A　－　C　－　D　－　E
　　　　+9　　+4

　　2　B　－　A　－　C　－　E　－　D
　　　　+9　　+4

　　3　B　－　C　－　D　－　E　－　A

```
          +9      +4
  4   B — E — C — A — D
          +9      +4
  5   B — E — C — D — A
          +9      +4
```

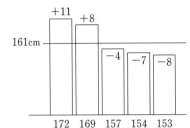

平均身長との差の合計が0になるものを探す。たとえば右図のようになれば，平均との差の合計が0で，平均が161cmということになる。このようにすると計算が楽になる。

Step❷　条件ア・ウ・エから残りの平均との差をうめていく

条件ア・ウ・エそれぞれにCが入っているので，Cを利用して，差の合計をうめていく。

```
  1   B — A — C — D — E
          +9     +4    ±0    −3    −10
  2   B — A — C — E — D
          +9     +4    ±0    −10   −3
  3   B — C — D — E — A
          +9     +4    +1    −6    ±0
  4   B — E — C — A — D
          +9     +4    −6    −10   −9
  5   B — E — C — D — A
          +9     +4    −6    −9    −10
```

→高い順になっていない，選択肢**2・3・4**は誤り。

55

Step❸ 平均との差の合計を調べる

残った選択肢について，平均との差の合計をみると，**1**は9＋4＋0−3
−10＝0で平均が161cmであるが，**5**は9＋4−6−9−10＝−12で平均が
161cmにならない。

 ➡選択肢を利用して条件を整理する→選択肢のチェック　　**正答　1**

FOCUS

　　順序関係の問題は，テーマ4の対応関係と同様に解くことができる問題が
多い。本問ように，選択肢に順序が表れている場合は正しい順の候補がすで
に示されているのだから，イチから考えるよりも，選択肢を利用すると速く
解けることが多い。条件をあてはめていき，矛盾を導いていくことで選択肢
が絞れる。

要点の

重要ポイント **1** 順序や順位を考えるのに→（←）を用いる

 順序や順位を考えるとき，条件にその差が数値として示されていないときは，それを→（←）によって表し，並び方を調べる。

〈例〉（ⅰ）AはBより大きく，BはCより大きい。

　　　（ⅱ）BはDより大きく，DはEより大きい。

　　　（ⅲ）EはCより大きく，CはFより大きい。

のとき，それぞれ，

　　　（ⅰ）A←B，B←C　∴A←B←C

　　　（ⅱ）B←D，D←E　∴B←D←E

　　　（ⅲ）E←C，C←F　∴E←C←F

　このとき，（ⅰ）（ⅱ）（ⅲ）から，

　　　A←B←D←E←C←F

と結びつく。ただし，（ⅰ），（ⅱ）の条件だけしかわからないと，

$$A←B \begin{cases} ←C←D←E \\ D←E←C \\ D←C←E \end{cases}$$

　　　の3通りに分かれる。

重要ポイント **2** 順序や順位の差が数値で表されるとき

 順序や順位の差が数値で示されているときは，基準を0として，実数値で表したり，＋1，＋2，……；　−1，−2，……のように表すと扱いやすい。

〈例〉AはBより4つ年上

　　　AとCは1つ違い

　　　BはCより3つ年下

のとき，A＝B＋4

　　　　A＝C＋1またはC−1

　　　　B＝C−3

と表せる。これから，

　　　A＝（C−3）＋4＝C＋1

となって，A＝C−1はありえず，

A＝B＋4＝C＋1

で，A，B，Cの年齢順は確定して，上からA，C，Bの順が決まる。

重要ポイント ❸ 順序や順位は直線上の点で表せる

順序や順位は，直線上の点として視覚的に表していくと簡単に決めることができる。

〈例〉ポイント❷の〈例〉を直線上の点として表すと，次のようになる。Aの年齢を基準の点として

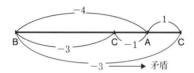

このように，図示すると容易となる。

重要ポイント ❹ 選択肢から逆にチェックする

条件から順序や順位を決めるだけでなく，ある程度まで決まったら，選択肢と合うかどうかを調べていく。

正攻法で最後まで条件から順序や順位を決められないときは，何通りかの可能性が出てきた段階で，選択肢のほうから攻めていくのも実戦的である。

重要ポイント ❺ 図や表を使う

条件を図や表に表すときは，自分でわかりやすく，見やすく作ることがポイント。

直線上の点として表す

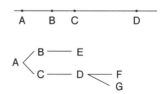

樹形図として表す

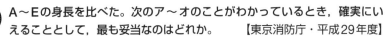

実戦問題

1 A～Eの身長を比べた。次のア～オのことがわかっているとき，確実にいえることとして，最も妥当なのはどれか。　【東京消防庁・平成29年度】

　ア　AとDの身長差は2cmである。
　イ　CとEの身長差は4cmである。
　ウ　BとDの身長差は1cmである。
　エ　BとEの身長差は2cmである。
　オ　CとAの身長差は5cmである。

1 1番目に身長が高いのはAかCのいずれかである。
2 2番目に身長が高いのはBかEのいずれかである。
3 3番目に身長が高いのはCかEのいずれかである。
4 4番目に身長が高いのはCかEのいずれかである。
5 1番身長が低いのはCかDのいずれかである。

2 A～Eの5人の選手が，それぞれ黒，白，赤，青，緑の互いに異なる色の車に乗り，カーレースを行った。次のことが分かっているとき，確実にいえるのはどれか。　【国家一般職／税務／社会人・令和元年度】

　○　Aの車は，Bの車よりも先にゴールした。
　○　黒の車は，Dの車よりも後にゴールした。
　○　白の車は，Eの車よりも2台前にゴールした。
　○　青の車は，Cの車から4台後にゴールした。
　○　緑の車は，4番目にゴールした。

1 黒の車は，赤の車の次にゴールした。
2 白の車は，最初にゴールした。
3 青の車に乗っていたのは，Bだった。
4 Aの車は，緑の車よりも先にゴールした。
5 Eの車は，4番目にゴールした。

3 スタート地点を出発して折り返し地点を折り返し，同じ道を戻ってゴールとなるマラソン競争をしているA～Fの6人が，それぞれ7mほどの間隔で折り返し地点にさしかかった。折り返し地点では各選手は互いにすれ違う相手を識別でき，その状況をゴール後にA，B，E，Fの4人が次のように話したとき，確実にいえることとして，最も妥当なのはどれか。

【警視庁・平成27年度】

A　私は4人目にFとすれ違ったが，4位ではなかった。

B　私はDに次いで折り返した。Cは6位ではなかった。

E　私は3人目にBとすれ違った。

F　折り返し地点で同順位の者はなく，折り返し後も6人の順位は変わらなかった。

1 Aは1位であった。

2 Bは3位であった。

3 CはDの次にゴールインした。

4 DはAより後にゴールインした。

5 Eは6位であった。

4 ある企業の5つの事務所A～Eについて社員数を調べたところ，次のア～エのことがわかった。

ア　5つの事務所の社員数の平均は48人であった。

イ　B事務所の社員数は60人であり，5つの事務所の中で最も多かった。

ウ　社員数が2番目に多い事務所の社員数と，5つの事務所の社員数の平均との差は2人であった。

エ　A事務所とD事務所との社員数の差は2人，C事務所とD事務所との社員数の差は3人，D事務所とE事務所との社員数の差は5人であった。

以上から判断して，5つの事務所の中で，社員数が3番目に多い事務所と4番目に多い事務所との組合せとして，正しいのはどれか。

【東京都・平成24年度】

	3番目	4番目
1	A	D
2	C	A
3	C	E
4	D	A
5	D	C

A〜Eの5人が旅行のため，午前9時00分に駅の改札口前で待ち合わせることとなった。次のことがわかっているとき，確実にいえるのはどれか。

ただし，各人の時計は，正確な時刻からずれている可能性があるが，そのずれは一定であるものとする。【国家一般職／税務／社会人・平成28年度】

○　Bの時計は，Cの時計よりも2分遅れていたが，Eの時計よりも3分進んでいた。

○　Eの時計は，Aの時計よりも7分遅れていたが，Dの時計よりも1分進んでいた。

○　Aは，自分の時計で午前9時10分に到着し，それはBの到着の5分後であった。

○　Cは，自分の時計で午前9時05分に到着した。

○　Eは，自分の時計で午前8時50分に到着し，それはDの到着の15分前であった。

1　Aは，2番目に到着した。

2　Bは，自分の時計で午前9時03分に到着した。

3　Cは，4番目に到着した。

4　Dは，自分の時計で午前9時05分に到着した。

5　自分の時計で午前9時00分より前に到着したのは，1人のみであった。

① ア～オの5つの条件を図にして，組み合わせていく。

Step**1** ア～オの5つの条件を図示する。

条件を図示しておけば，それらをブロックのように組み合わせることで，視覚的に検討ができる。数直線のように，右側を高いものとする。各条件は身長差を示すのみなので，どちらが高いかはわからない。そこで，2通りずつの場合分けをしておく。

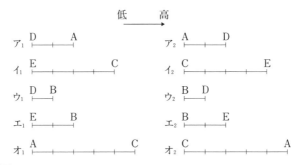

Step**2** 条件イとオを組み合わせる。

仮にイ$_1$とオ$_2$のようにCを内側にして組み合わせると，他のア，ウ，エをどう組み合わせてもAからEが届かない。

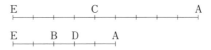

そこで，仮にイ$_1$とオ$_1$のように，Cをそろえて組み合わせておく。

$$\text{A} \quad \text{E} \qquad\qquad \text{C}$$

Step**3** 残りの条件を場合分けしながら組み合わせていく。

（ⅰ）イ$_1$とオ$_1$に，ア$_2$とウ$_1$とエ$_1$を組み合わせることができる。

$$\text{A} \quad \text{E} \quad \text{D} \quad \text{B} \qquad \text{C}$$

（ⅱ）イ$_1$とオ$_1$に，ア$_1$とウ$_1$とエ$_2$を組み合わせることができる。

$$\text{D} \quad \text{B} \quad \text{A} \quad \text{E} \qquad\qquad \text{C}$$

Step4 イ₂とオ₂の組み合わせを検討し，選択肢をチェックする。

　Step2で，イ₁とオ₁との組み合わせを検討したが，すべての条件が左右対称なので，イ₂とオ₂を組み合わせても組み合わせは完成するはずである。よって，（ⅰ）（ⅱ）の左右対称なものも，場合分けに加える。

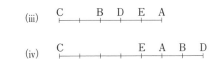

（ⅲ）　C　　　B　D　E　A

（ⅳ）　C　　　　　　E　A　B　D

　これらより，選択肢を検討する。

1✕　（ⅳ）から1番身長が高いのはDの可能性がある。

2◎　（ⅰ）〜（ⅳ）のいずれの場合も2番目に身長が高いのはBかEである。

3✕　（ⅱ），（ⅳ）から3番身長が高いのはAの可能性がある。

4✕　（ⅱ），（ⅲ）から4番身長が高いのはBの可能性がある。

5✕　（ⅰ）から1番身長が低いのはAの可能性がある。

確認しよう ➡条件を図にする→場合分けをしながら組み合わせる→選択肢のチェック

正答 2

2 選手と色が，それぞれに何位にくるかの表を作ってうめていく。

Step❶　選手と色が，順位と対応をするように表をつくる

	1位	2位	3位	4位	5位
選手					
色					

Step❷　条件から明らかなものをうめる

説明のために，5つの条件を順にⅠ～Ⅵとする。

条件Ⅳより，Cと青は1位と5位とわかる。条件Ⅴより，緑は4位である。条件Ⅱより，Dが3位以下になると，黒の車の入る順位がなくなるので，Dは2位で，黒は3位とわかる。

	1位	2位	3位	4位	5位
選手	C	D			
色			黒	緑	青

Step❸　場合分けしながら表の残りをうめていく。

条件Ⅲより，白が（ⅰ）1位と（ⅱ）2位で場合分けをする。

ⅰ
	1位	2位	3位	4位	5位
選手	C	D	E		
色	白		黒	緑	青

ⅱ
	1位	2位	3位	4位	5位
選手	C	D		E	
色		白	黒	緑	青

これらに，残りのA，B，赤を条件Ⅰに気をつけながら入れると，表が完成する。

ⅰ
	1位	2位	3位	4位	5位
選手	C	D	E	A	B
色	白	赤	黒	緑	青

ⅱ
	1位	2位	3位	4位	5位
選手	C	D	A	E	B
色	赤	白	黒	緑	青

Step❹　選択肢をチェックする。

❶✕（ⅱ）から黒は赤の2台後にゴールした可能性がある。

❷✕（ⅱ）から白は2位でゴールした可能性がある。

❸◎（ⅰ），（ⅱ）ともにBは青に乗っている。

4 ✕（ⅰ）からAは緑に乗っていた可能性がある。

5 ✕（ⅰ）からEは3位でゴールした可能性がある。

☞ **確認しよう** ➡順位表を作る→場合分をしながらうめる→選択肢のチェック

正答 **3**

③ 1人に着目して場合分けして表をつくり，条件からわかることを書き込んでいく。

Step 1 Aの発言に着目して場合分けをする

　どの選手も，折り返した選手順にすれ違う。たとえばAの発言に着目すると，Aを除いて先頭から4番目がFになる。そこで，Aの順位で場合分けをすると，①〜⑥になる。ただし，Aは4位ではないので，④はありえない。

	①	②	③	④	⑤	⑥
1位	A					
2位		A				
3位			A			
4位				A	F	F
5位	F	F	F	F	A	
6位						A

Step 2 Bの発言に着目して表をうめていく

　Bの発言から，D・Bと続いて折り返しているので，上の表にあてはまるもので場合分けをしていく。

	①−1	①−2	②	③	⑤−1	⑤−2	⑥−1	⑥−2
1位	A	A		D	D		D	
2位	D		A	B	B	D	B	D
3位	B	D	D	A		B		B
4位		B	B		F	F	F	F
5位	F	F	F	F	A	A		
6位							A	A

第2章 文章で表された条件

Step❸ Eの発言に着目して表をうめていく

Eの発言から，Eを除いて先頭から3番目がBになる。そこで，適するものを示していく。残りにCが入るが，Bの発言からCは6位ではないので，①−1−1，①−2，②はありえない。

	①−1−1	①−1−2	①−2	②	⑤−2	⑥−2
1位	A	A	A	E	C	C
2位	D	D	E	A	D	D
3位	B	B	D	D	B	B
4位	E	C	B	B	F	F
5位	F	F	F	F	A	E
6位	C	E	C	C	E	A

Step❹ 完成した表から選択肢をチェックする

1 × ⑤−2，⑥−2の場合に反する。

2 ◎ すべての場合分けで正しい。

3 × すべての場合に反する。

4 × ⑤−2，⑥−2の場合に反する。

5 × ⑥−2の場合に反する。

☞**確認しよう** ➡条件から場合分け→矛盾するものを除く→選択肢のチェック

正答 **2**

---

4 5つの事務所A〜Eの社員数について，わかっているものから表を作る。

Step❶ 具体的にわかっているものから表を作る

条件アより5つの事務所の社員数合計は，48×5＝240〔人〕である。条件イより，表1のようになる。

表1

B				
60	残り180			

（左側から社員数が多いとする）

66

Step❷　条件エで場合分けする

表2

	①	②	③	④
A	d−2	d+2	d−2	d+2
C	d+3	d+3	d−3	d−3
D	d	d	d	d
E	d−5	d−5	d+5	d+5
4社の合計	4d−4	4d	4d	4d+4

　Dの社員数をd［人］とすると，条件エより，Aの社員数はd+2またはd−2，Cの社員数はd+3またはd−3，Eの社員数はd+5またはd−5と表される。これにより，A・C・Eの社員数は2×2×2＝8［通り］が考えられるが，すでにわかっているA・C・D・Eの社員数合計の180が4で割り切れるので，4社の合計が4で割り切れる①〜④の4つの場合に絞られる。

Step❸　dの値を求めて，4社の社員数を求める

　4社の合計は180人なので，方程式を解くと，それぞれの社員数が求まる。たとえば①では，4d−4＝180より，d＝46［人］とわかる。

表3

	①	②	③	④
A	44	47	43	46
C	49	48	42	41
D	46	45	45	44
E	41	40	50	49
4社の合計	4d−4	4d	4d	4d+4

Step❹　条件ウから各場合分けをチェックする

　条件ウより，社員数が2番目に多い事務所（Bの次に多い事務所）の社員数は50人または46人である。各場合分けのうち，この条件を満たすのは場合分け③のみである。これにより3番目がD，4番目がAと決まる。

✍確認しよう　➡条件から表を作る→場合分け→場合分けの検討　　正答 4

67

⑤ 1人を基準に決め，その基準の時計と各人の時計の関係について，表を作成
してまとめていく。

Step❶ Eを基準として，各人の時計との関係をまとめる

1つ目と2つ目の条件ともに，Eについての記述があるので，Eを基準と
して各人の時計が何分前後しているかをまとめる。

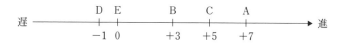

Step❷ 一覧表を完成させる

まとめた時計の関係を利用して，各人の発言をもとに，各人の時計で何時
に到着したのかを求め，一覧表を完成させる。

Eの時計との差	Dの時計	Eの時計	Bの時計	Cの時計	Aの時計
	−1	0	+3	+5	+7
A		9：03			9：10
B		8：58	9：01		9：05
C		9：00		9：05	
D	9：04	9：05			
E		8：50			

条件より読み取れることと，到着時に自分の時計とEの時計で何時を示し
ているかは記入しておく。残りは必要に応じて求めればよい。

Step❸ 表をもとに選択肢を検討する

1 ✕ Aが到着したのは，Eの時計で4番目である。

2 ✕ Bが到着したのは，自分の時計で9：01である。

3 ✕ Cが到着したのは，Eの時計で3番目である。

4 ✕ Dが到着したのは，自分の時計で9：04である。

5 ◎ 正しい。自分の時計で9：00より前に到着したのはEのみである。

☞確認しよう ➡各人の時計と基準との関係を一覧表にまとめる→選択肢の検討

正答 **5**

重要度

テーマ6 試合の勝ち負け

重要問題

　五つのサッカーチームA〜Eが総当たりのリーグ戦を行った。各試合の結果は，勝利，敗戦，引き分けのいずれかであり，各試合の勝ち点は，勝利の場合は3点，敗戦の場合は0点，引き分けの場合は1点である。次のことが分かっているとき，確実にいえるのはどれか。

【国家一般職／税務／社会人・令和2年度】

○　勝ち点の合計は，5チームで互いに異なっており，いずれも偶数であった。

○　Aチームの勝ち点の合計は，8点であった。

○　引き分けの試合は，Aチーム対Bチーム，Aチーム対Cチームの2試合のみであった。

○　Dチームは，Aチームとは勝利数が，Cチームとは敗戦数が，それぞれ同じであった。

1　Aチームは，Dチームに敗戦した。

2　Bチームは，Eチームに勝利した。

3　Cチームの勝ち点は，6点であった。

4　Dチームの敗戦数は，1であった。

5　Eチームの勝利数は，4であった。

解説

リーグ戦（総当たり戦）では，勝敗表をつくって勝ち負けをうめていく。

Step 1　　各条件より具体的にわかっているものから勝敗表をつくる

　勝敗表をつくるときは，勝ち点，勝敗（引き分け）数，備考欄も作っておくとよい。

　説明のために，4つの条件を順にⅠ〜Ⅳとする。条件ⅡとⅢは明らかなことを示しているので，まずうめておく。

相手＼自分	A	B	C	D	E	勝ち点	勝ー分ー敗	
A		△1	△1			8		Dと勝利数同じ
B	△1							
C	△1							Dと敗戦数同じ
D								Aと勝利数同じ Cと敗戦数同じ
E								
						異なる偶数		

Step❷　勝ち点や勝敗数と照らし合わせながら，残りをうめていく

　Aは勝ち点8だから，DとEに勝っているので，勝利数は2で，2勝2分に確定する。そして，条件Ⅳより，Dの勝利数も2となる。

　また，条件Ⅲより，Dはこれ以上引き分けることはないので，2勝2敗になり，条件Ⅳより，Cの敗戦数も2となる。

　さらに，条件Ⅲより，Cはこれ以上引き分けることはないので，1勝1分2敗になる。

相手＼自分	A	B	C	D	E	勝ち点	勝ー分ー敗	
A		△1	△1	○3	○3	8	2−2−0	Dと勝利数同じ→D2勝
B	△1							
C	△1					4	1−1−2	Dと敗戦数同じ→C2敗 →C1勝
D	×0					6	2−0−2	Aと勝利数同じ→D2勝 Cと敗戦数同じ→C2敗
E	×0							
						異なる偶数		

　次に，Bはこの時点で1分の勝ち点1であるが，条件Ⅲより，引き分けはこれ以上ないので，取り得る勝ち点は1，4，7，10である。このうち，Cがすでに勝ち点4に決まっているので，条件Ⅰより，Bの勝ち点は残る偶数の

10に決まる。

よって，Bは3勝1分である。Bの欄に○と×を入れていく。

最後にEは，この時点で2敗の勝ち点0であるが，条件Ⅲより，引き分けはこれ以上ないので，取り得る勝ち点は0，3，6である。このうち，Dがすでに勝ち点6に決まっているので，条件Ⅰより，Eの勝ち点は残る偶数の0に決まる。よって，Eは0勝4敗である。Eの欄に○と×を入れていく。Cの1勝1分2敗，Dの2勝2敗に従い，残りをうめると表が完成する。

自分＼相手	A	B	C	D	E	勝ち点	勝－分－敗	
A		△1	△1	○3	○3	8	2－2－0	Dと勝利数同じ→D2勝
B	△1		○3	○3	○3	10	3－1－0	
C	△1	×0		×0	○3	4	1－1－2	Dと敗戦数同じ→C2敗 →C1勝
D	×0	×0	○3		○3	6	2－0－2	Aと勝利数同じ→D2勝 Cと敗戦数同じ→C2敗
E	×0	×0	×0	×0		0	0－0－4	
						異なる偶数		

Step❸　表をもとに，選択肢をチェックする

1✕ AはDに勝っている。
2◎ BはEに勝っている。
3✕ Cの勝ち点は4である。
4✕ Dの敗戦数は2である。
5✕ Eの勝利数は0である。

 ➡勝敗表の作成 ・勝ち点や勝敗数に注目→選択肢のチェック

正答 **2**

FOCUS

　試合の勝ち負けの問題では，リーグ戦方式とトーナメント戦方式がある。リーグ戦では勝敗表を作って，勝ち数，負け数，引き分け数，点差などを押さえていくことが解法のポイントになる。トーナメント戦では，トーナメント表を作り，各条件に当てはまるように各人が入るところを決めていく。

要点の まとめ

重要ポイント 1 試合の形式を確認する

リーグ戦かトーナメント戦かによって2分類される。

判断推理の問題に登場する試合の形式は，だいたい次の2種である。

■リーグ戦形式→総当たり戦

$$n \text{チームの試合数} \rightarrow {}_nC_2 = \frac{n(n-1)}{2} \text{［試合］}\text{（組合せの数）}$$

■トーナメント戦形式→勝ち抜き戦

$n \text{チームの試合数} \rightarrow n-1 \text{［試合］}$（1回試合すると，1チームが負ける。優勝が決まるまで$n-1$チームが負ける。）

重要ポイント 2 リーグ戦形式は成績表を作る

リーグ戦では，出場チームの成績順位が出題の中心。

リーグ戦では，勝ち，負け，引き分けの3分類を考えることが多い。それには，次のような成績表を作ることがポイントとなる。

	A	B	C	D	勝ち数，負け数，引き分け数
A		○			
B	×			○	
C					
D		×			

右端の，勝ち数，負け数，引き分け数は不要のときもある。

成績を記入するとき，勝ち…○，負け…×，引き分け…△とするが，

$\begin{cases} 1\text{つの試合につき2か所記入} \\ \text{対角線に向き合って} \end{cases}$ ○の反対側は×，×の反対側は○，△の反対側は△

のルールで記入する。すなわち，対角線に向き合って（対称），同一の試合が2回表示される。

なお，普通は左縦列のチームから見た勝ち負けを記入していく。

重要ポイント ❸ 条件を使って，成績表の空欄をつぶしていく

表を埋めやすい順に条件を使って，1つずつ埋めていく。

条件はア，イ，……のように示されていることが多いが，この順に使う必要はない。決めやすいものから使っていけばよい。

 重要ポイント ❹ 成績表をチェックする方法

勝ち数，負け数の法則を知っておけば，記入ミスをなくせる。

○…勝ち数，×…負け数，△…引き分け数

- ○の数＝×の数＝試合数（引き分けがない場合）
- △の数＝偶数

 重要ポイント ❺ トーナメント戦形式は山型の図を使う

トーナメント戦では，優勝者や試合数が出題の中心。

トーナメント戦は，勝ち抜き戦ともいわれ，最後に1つだけ優勝を決めればよい。だから，優勝以外の順位（成績）は決まらない。

次のような，山型の図を用いる。

〈例〉

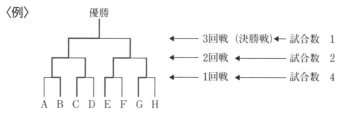

リーグ戦の成績表を埋めていくときと同様に，条件を使って上の〈例〉のA〜Hを順に決めていく。

実戦問題

A～Gの7チームがトーナメント方式でバスケットボールの試合を行ったところ，下図のような結果になった。トーナメント表の太い線は勝ち上がっていく様子を表すもので，次のア～エのことがわかっているとき，確実にいえることとして，最も妥当なのはどれか。　【警視庁・平成27年度】

ア　AとDと試合をしていない。
イ　Bは決勝に進出した。
ウ　CはEに勝ったが，Gに敗れた。
エ　Fは2試合で敗れた。

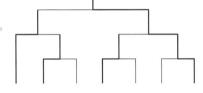

1　AとBは試合をした。
2　DはFに敗れた。
3　Eは初戦で敗れた。
4　FはAに勝った。
5　Gは優勝した。

A～Fの6人がテニスの総当たりのリーグ戦を行った結果，次のことがわかっているとき，確実にいえることとして，最も妥当なのはどれか。ただし，引き分けの試合はなく，同率もなかったものとする。

【東京消防庁・平成27年度】

ア　AはEに負けたが，Fには勝った。
イ　BはCに勝った。
ウ　Cは1勝4敗だった。
エ　EはBとDに負けた。

1　Aは2勝3敗だった。
2　Bは全勝だった。
3　DはBに負けた。
4　EはCに負けた。
5　FはEに勝った。

3 A〜Hの8チームが，次の図のようなトーナメント戦で野球の試合を行った。今，次のア〜カのことがわかっているとき，優勝したチームはどれか。ただし，引き分けた試合はなかった。 【特別区・平成24年度】

ア 優勝したチームが3回の試合で得た点を合計すると，失った点の合計よりも5点多かった。

イ AはBに4対2で勝った。

ウ CはHと対戦しなかった。

エ DはCに2対1で負けた。

オ EはFに7対2で勝った。

カ Hは2回戦に4対0で勝った。

1 A

2 C

3 E

4 G

5 H

4 A，Bの2チームが，1人ずつ交互にサッカーボールを蹴ってゴールに入った得点を競うゲームを行った。ルールは，1回ゴールに入ると1点，外れると0点とし，5人ずつ蹴って多く得点を挙げたチームを勝ちとする。また，両チームとも5人目が蹴った段階で，得点が同じで勝敗がつかない場合は延長戦を行い，勝敗がつくまで1人ずつ交互に蹴り続ける。その結果について，次のア〜オのことがわかっているとき，確実にいえるのはどれか。

【特別区・平成26年度】

ア Aチームの1人目は，得点を入れた。

イ Aチームは，全部で3人が得点を入れた。

ウ Aチームが2人続けて得点を入れられなかったのは，1回だけであった。

エ 両チームとも，4人目は得点を入れた。

オ 両チームとも，2人続けて得点を入れたことはなかった。

1 Aチームが，2点差で勝った。

2 Bチームが，1点差で勝った。

3 両チームとも，2人目は得点を入れられなかった。

4 5人目で勝敗がついた。

5 6人目で勝敗がついた。

実戦問題●**解説**

① トーナメント戦では，トーナメント表をもとに，各条件にあてはまるように各チームが入るところを決めていく。場合分けが必要になることも多い。

Step 1 条件ウより各チームが入りうる可能性がある位置を書き込む

説明のために，トーナメント表の場所を，次のようにⅠ～Ⅶと決める。条件ウより，C・E・Gの位置関係は①～③に場合分けできる。

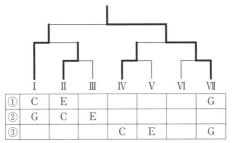

	Ⅰ	Ⅱ	Ⅲ	Ⅳ	Ⅴ	Ⅵ	Ⅶ
①	C	E					G
②	G	C	E				
③				C	E		G

Step 2 条件イ・エより各チームの位置を書き込む

条件イより，BはⅠまたはⅦに，条件エより，FはⅠまたはⅡまたはⅣに入る可能性がある。場合分け①はBがⅠまたはⅦに入ることができないのでありえない。

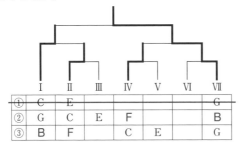

	Ⅰ	Ⅱ	Ⅲ	Ⅳ	Ⅴ	Ⅵ	Ⅶ
①	~~C~~	~~E~~					~~G~~
②	G	C	E	F			B
③	B	F		C	E		G

Step 3 AとDを記入してトーナメント表を完成させる

残りの2つの位置にAとDが入るが，どちらに入っても，条件アを満たすので，最終的には4つの場合分けになる。

	I	II	III	IV	V	VI	VII
②－1	G	C	E	F	A	D	B
②－2	G	C	E	F	D	A	B
③－1	B	F	A	C	E	D	G
③－2	B	F	D	C	E	A	G

Step 4 場合分けをもとに選択肢を検討する

1 × ②－1，③－1，③－2に適さない。

2 × ②－1，③－1に適さない。

3 ◎ 正しい。

4 × ②－2，③－2に適さない。

5 × ②－1，②－2に適さない。

☞確認しよう ➡トーナメント表を用いた場合分け→選択肢のチェック　　正答 **3**

2 リーグ戦（総当たり戦）では，勝敗表をつくり，各条件に当てはまるように勝ち負けをうめていく。

Step 1 条件から明らかなものについて表をつくる

相手チーム

	A	B	C	D	E	F	勝敗
A					×	○	
B			○		○		
C		×					1勝4敗
D					○		
E	○	×		×			
F	×						

自チーム

Step 2 勝敗数と照らし合わせながら残りをうめていく

同率がいないのだから，それぞれ「5勝0敗」「4勝1敗」「3勝2敗」「2勝3敗」「1勝4敗」「0勝5敗」のいずれかである。「1勝4敗」はCに決まっているので，「0勝5敗」となりうるのはFのみである。

78

そうすると，Cが1勝した相手がFに決まるので，あとはすべて負けである。

また，Eは3勝2敗とわかる。

相手チーム

	A	B	C	D	E	F	勝敗
A			○		×	○	
B			○		○	○	
C	×	×		×	×	○	1勝4敗
D			○		○	○	
E	○	×	○	×		○	3勝2敗
F	×	×	×	×	×		0勝5敗

（自チーム）

Step 3 勝敗数と照らし合わせながら残りをうめていく

さらに，BとDはすでに3勝が決まっているので，「2勝3敗」になりうるのはAのみである。よって，最終的な勝敗表は次のようになる。BとDの勝敗は確定しない。

相手チーム

	A	B	C	D	E	F	勝敗
A		×	○	×	×	○	2勝3敗
B	○		○		○	○	
C	×	×		×	×	○	1勝4敗
D	○		○		○	○	
E	○	×	○	×		○	3勝2敗
F	×	×	×	×	×		0勝5敗

（自チーム）

Step 4 勝敗表より選択肢をチェックする

1 ◎ 正しい。

2 × Bは「4勝1敗」の可能性がある。

3 × DはBに負けている可能性がある。

4 × EはCに勝っている。

5 × FはEに負けている。

☞確認しよう →勝敗表の作成→勝敗数に注目→選択肢のチェック　　正答 **1**

③ トーナメント戦では，トーナメント表を作り，各条件に当てはまるように各人が入るところを決めていく。

Step① 勝敗結果に注目して，当てはまる場所を埋める

トーナメント表で入る場所を，次のように①～⑧と決める（表1）。

条件**カ**より，Hは決勝戦に進出する。また条件**ウ**と**エ**より，CはDには勝っているが，Hとは対戦していないので，Cは2回戦で敗れ，かつ，①～④と⑤～⑧の2つのグループに分けるとHとは別のグループに入ることになる。例として，Cを①，Hを⑤に入れる（表2）。

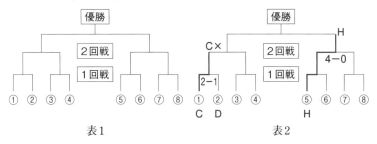

表1　　　　　　　　　　　　　　　表2

Step② 得失点差に注目して，トーナメント表を完成させる

条件**ア**があるので，得失点差に注目すると，Hは2回戦で+4になる。また，1回戦も勝っているのだから少なくとも2回戦までで+5になっている。そこで，決勝戦をHが勝つとすると，さらに得失点差が増し，+6以上になるが，これは条件**ア**に矛盾する。よって，Hは決勝戦で敗れたことになる。

また，条件**イ**と**オ**より，AはBと，EはFと対戦しているが，表2より，それらはともに1回戦ということになる。よって，AまたはEが2回戦でCに，決勝戦でHに勝ち，優勝することになるが，Eが優勝すると，Hと同じ理由で得失点差が+6以上になり，条件**ア**に矛盾する。以上より，優勝チームはAとわかる。

完成したトーナメント表は次のようになる（表3）。

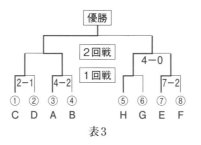

表3

☞**確認しよう** ➡️トーナメント表の作成→勝敗数・回戦数・得失点差に注目→トーナメント表の完成

正答 **1**

文章で表された条件

A・Bの得点についての表を作り，条件からわかるものからうめていく。

Step❶ 条件から明らかなもので表をうめていく

条件ア・エから次のようになる。

	1	2	3	4	5	6	7
A	○			○			
B				○			

さらに，条件オより両チームとも○は続かないので，次のようになる。

	1	2	3	4	5	6	7
A	○	×	×	○	×		
B			×	○	×		

また，条件イより延長戦があり，条件ウよりAが2回続けて×になるのは1回だけなので，Aの6人目は○になる。

	1	2	3	4	5	6	7
A	○	×	×	○	×	○	
B			×	○	×		

Step❷ Bの1・2・6人目で場合分けをして矛盾を導く

延長戦があったのだから，Bも5回目までに2点を挙げており，Bの1・2人目は（○・×）または（×・○）になる。

次に，Bの6人目が，①○になる場合と，②×になる場合で場合分けをする。

①Bの6人目が○になる場合

	1	2	3	4	5	6	7
A	○	×	×	○	×	○	?
B	○ ×	× ○	×	○	×	○	

Bの6人目が○だと，Aの7人目も蹴ることになるが，○だと条件オに反し，×だと条件ウに反する。→①はありえない。

②Bの6人目が×になる場合

	1	2	3	4	5	6	7
A	○	×	×	○	×	○	
B	○ / ×	× / ○	×	○	×	×	

　6人目でAが勝ち，終了となる。→②に決まる。

Step 3　得点表より選択肢をチェックする

1 × Aチームが，1点差で勝っている。

2 × Bチームは負けている。

3 × Bの2人目が○の可能性がある。

4 × 5人目では勝敗はついていない。

5 ◎ 正しい。

確認しよう ➡得点表の作成→場合分け→選択肢のチェック　　　**正答** **5**

テーマ 7 発言の真偽

重要度

重要問題

A～Hの8人が囲碁のトーナメント戦に参加し，そのうちの1人が優勝した。だれが優勝したのかについて尋ねたところ，次のような回答があったが，8人のうち本当のことを言っているのは5人で，残りの3人がうそをついている。このとき，優勝した者として，最も妥当なのはどれか。　　　　　　　　　　　　　　　　【警視庁・平成28年度】

A 「Fは本当のことを言っている」
B 「CかGが優勝した」
C 「私は優勝しなかった」
D 「優勝したのはEでもGでもない」
E 「私が優勝した」
F 「優勝したのはAかGだ」
G 「優勝したのはCかFだ」
H 「Gが優勝した」

1 B 　　**2** D 　　**3** E
4 G 　　**5** H

解説

各人の発言を表にまとめ，Aから順に優勝をしたと仮定していき，矛盾しないものを探す。

Step 1 各人の発言を表にまとめる

各人が**誰が優勝していないか**について発言をしているので，それを表にまとめる。そうすると，優勝をしたと仮定すると，うそをついている人数がわかる。

たとえば，Bは，「CかGが優勝した」と言っているので，「CとG以外は優勝していない」と言っていることになる。

また，AはFと同じと言っているにすぎない。

	優勝者							
	A	B	C	D	E	F	G	H
発言者 A		×	×	×	×	×		×
B	×	×			×	×	×	
C			×					
D					×		×	
E	×	×	×	×		×	×	×
F		×	×	×	×	×		×
G	×				×	×		×
H	×	×	×	×	×	×		×

表の×は，発言者に**優勝していない**と言われた者である。

Step 2　順に優勝をしたと仮定していきうそつきの人数を調べる

たとえば，Aが優勝者だと仮定すると，表よりB・E・G・Hの少なくとも4人はうそをついていることになる。これはうそつきが3人であることに矛盾する。残りも順に調べると表のようになる。

	優勝者							
	A	B	C	D	E	F	G	H
発言者 A		×	×	×	×	×		×
B	×	×			×	×	×	
C			×					
D					×		×	
E	×	×	×	×		×	×	×
F		×	×	×	×	×		×
G	×				×	×		×
H	×	×	×	×	×	×		×
うそつきの数	4	6	5	6	6	5	3	6

これにより，うそつきが3人になるのはGが優勝した場合のみとわかる。

確認しよう　→発言を表にまとめる→本当と仮定してうそを導き出す　**正答** 4

FOCUS

　発言の真偽の問題では，仮定をもとに，矛盾を導き出すことが基本になる。このとき表などを使って，発言を整理するとよい。各発言が何を言い切っているのか（何についてはあいまいなのか）を正確にとらえることがポイントである。

第2章

文章で表された条件

重要ポイント **1** 発言内容から矛盾を導く

ある発言や結果を「うそ」または「正しい」と仮定して，矛盾しないかどうかを調べていくのが基本。

　発言者の言葉の真偽は，テーマ3「命題の真偽」で扱いをまとめた。ここでは発言者の中でだれが「うそ」をついているかを見つけ出す問題を扱う。

①だれか1人の発言を「うそ」と仮定する方法

　　Aが「うそ」を言っていると仮定。

　　　　→ 他のB，C，……の発言と比べる。

　　　　→ 矛盾を見つける。

　　このとき，発言者A，B，C，……の一覧表を作る。

〈例〉バラ，チューリップ，クロッカスの花

　　　色はみな異なり，黄，白，ピンク

　　　　発言内容　・黄はバラでない

　　　　　　　　　・白はバラでない

　　　　　　　　　・白はチューリップ

　　　　　　　　　・ピンクはチューリップ

　　　　　　　　　　　　　　　　　　　　→1つは「うそ」

　　次の表を作る。

	黄	白	ピンク
バ　ラ	×	×	
チューリップ		○	○
クロッカス			

　　　　　　　　　　　　　　～である ＝○

　　　　　　　　　　　　　　～でない ＝×

この表から，3番目の発言と4番目の発言は矛盾していることがわかる。

　　　　→3番目と4番目のどちらかが「うそ」。

　　　　→どちらかが正しいと仮定。

　　　　→矛盾を引き出す。

②結果から逆に「うそ」を見つけ出す方法

　　一定の結果を正しいと仮定。

　　　　→発言内容と矛盾するかどうかを見る。

〈例〉6人のうち4人が「うそ」を言っている。

　　　　→ある結果をAと仮定。

　　　　→4人がこれと矛盾。

第2章

文章で表された条件

→Aが正しく，4人が「うそ」。

重要ポイント❷ 一部の発言が正しく，一部の発言がうその場合

一覧表を作り，どの部分の発言が正しく，どの部分の発言が「うそ」であるかを見つけ出していく。

　重要ポイント❶の①と同じように，発言についての一覧表を作り，一つ一つについて「正しい」「うそ」と仮定して矛盾を導く。

〈例〉　A：彼は帽子をかぶり，鞄を持っている。

　　　　B：彼は帽子をかぶり，傘を持っていない。

　　　　……

　　　の発言の中の一方は正しく，一方はうそのとき。

発言者	帽子	鞄	傘
A	○	○	
B	○		×
…			

⇓

（ⅰ）　Aの帽子が正しいと仮定→Aの鞄は×

　　　　→他と矛盾しないか調べる。

（ⅱ）　Aの帽子がうそと仮定→Aの鞄は○

　　　　→他と矛盾しないか調べる。→Bの前半と矛盾する。

（ⅰ）
発言者	帽子	鞄	傘
A	○	×	
B	○		×
…			

（ⅱ）
発言者	帽子	鞄	傘
A	×	○	
B	○		×
…			

実戦問題

① A～Eの5人が柔道のリーグ戦を行った。その結果，引き分けがなく同じ順位の者はいなかった。5人は結果について以下の証言を行ったが，全員が証言の前半か後半のどちらかでのみ正しいことを言い，残り半分は間違ったことを言っている。このとき，確実にいえることとして最も妥当なのはどれか。　　　　　　　　　　　　　　　　　　　　　【東京消防庁・平成20年度】

A：「私は4位だった。Dは5位だった。」
B：「私は3位だった。Cは5位だった。」
C：「私は2位だった。Eは1位だった。」
D：「私は3位だった。Aは2位だった。」
E：「私は1位だった。Bは4位だった。」

1 Aは3位であった。
2 Bは2位であった。
3 Cは4位であった。
4 Dは2位であった。
5 Eは1位であった。

② A～Dが次のように言っている。この4人のうち，<u>少なくとも2人</u>が正しいことを言っているとき，正しいことを言っている者のみをすべて挙げているのはどれか。ただし，A～Dはそれぞれ常に正しいことを言っているか常に正しくないことを言っているかのいずれかであるとする。

【国家Ⅲ種・中途採用者・平成23年度】

A：「Bの言っていることは常に正しい。」
B：「Cの言っていることは常に正しくない。」
C：「Dの言っていることは常に正しくない。」
D：「Aの言っていることは常に正しい。」

1 A，B，C
2 A，B，D
3 A，D
4 B，C
5 C，D

③ A～Eの5人がそれぞれ次のように発言した。このとき，確実にいえることとして，最も妥当なのはどれか。　【東京消防庁・平成19年度】

A：「BがうそつきならCもうそつきだ」

B：「Eが正直者ならDはうそつきだ」

C：「Aはうそつきだ」

D：「Cはうそつきだ」

E：「この中にうそつきは2人いる」

1 Aはうそつきである。　　**2** Bは正直者である。

3 Cは正直者である。　　**4** Dはうそつきである。

5 Eは正直者である。

④ A～Eの5人の誰か1人がケーキを食べてことがわかっており，A～Eの5人は，ケーキを食べた者に関して次のように答えた。このとき，ケーキを食べた者として，最も妥当なのはどれか。ただし，5人のうち真実を述べているのは1人だけである。　【東京消防庁・令和元年度】

A　「DかEのいずれかが食べた。」

B　「CかEのいずれかが食べた。」

C　「私は食べていない。Bも食べていない。」

D　「私は食べていない。Cも食べていない。」

E　「AかBのいずれかが食べた。」

1 A

2 B

3 C

4 D

5 E

文章で表された条件

第2章

1 5人の発言について一覧表を作る。そこから，矛盾が起こるかどうか調べる。

Step 1　A〜Eの発言を表にまとめる

発言者＼順位	1	2	3	4	5
A				A	D
B			B		C
C	E	C			
D		A	D		
E	E			B	

Step 2　同順位で重なる部分に注目して場合分けをする

1) Eの1位が正しいとき

正しい→○，うそ→×で示すと，以下の表のようになる。

発言者＼順位	1	2	3	4	5
A				A○	D×
B			B×		C○
C	E○	C×			
D		A×	D○		
E	E○			B×	

↓　↓　↓　↓　↓
E　　D　A　C
　B

←Aの発言について場合分け
⇓
Dの発言の真偽がわかる
⇓
Bの発言の真偽がわかる

発言者＼順位	1	2	3	4	5
A				A×	D○
B			B○		C×
C	E○	C×			
D		A○	D×		
E	E○			B×	

↓　↓　↓　↓　↓
E　A　B　　D
　　　　C

2) Eの1位がうそのとき

発言者＼順位	1	2	3	4	5
A				A×	D○
B			B		C
C	E×	C○			
D		A×	D○		
E	E×			B○	

まず，B，Cの順位が確定
⇓
A，Dの発言の真偽がわかる
⇓
Dの順位が重なり，矛盾

Step 3　各選択肢を確認する

2つの表から，順位が確定できるのはEのみで，1位である。

☞**確認しよう**　➡表を作る→同じ順位に注目

正答 5

90

② ある者が正しいことを言っているかどうかを仮定して，順に他の者が正しいことを言っているかを導き出していく。

Step ❶　Aの言っていることが「常に正しい」と仮定する

　必ずしもAから始める必要はないが，ここではAを仮定する。Aが「Bの言っていることは常に正しい。」と言っているのだから，Aが常に正しいことを言うのであれば，Bの言っていることも正しいことになる。これにより，Bの真偽が決まり，さらに，BはC，CはDのことを言っているのだから，順に他の者が正しいことを言っているかが導ける。

　このように，Aの言っていることが「常に正しい」と仮定すると，Bの言っていることも常に正しくなり，Cは常に正しくなく，Dは常に正しくなる。また，Dは「Aの言っていることは常に正しい。」と言っているのだから，これは矛盾しない。

　以上より，この仮定では，A・B・Dが常に正しいことになる。

Step ❷　Aの言っていることが「常に正しくない」と仮定する

　Step ❶と同様に検討する。Aの言っていることが「常に正しくない」と仮定すると，Bの言っていることも常に正しくなくなり，Cは常に正しくなり，Dは常に正しくなくなる。また，Dは「Aの言っていることは常に正しい。」と言っているのだから，Aが正しくないことに矛盾しない。

　以上より，この仮定では，Cのみが常に正しいことになる。

Step ❸　正しい選択肢をさがす

　問題文に「少なくとも2人が正しいことを言っている」という条件があるので，Aの言っていることが「常に正しい」と仮定したほうが適する。よって，A，B，Dの3人が正しいことを言い，Cだけが正しくないことになる。

　以上より，正しい選択肢は**2**となる。

（☞確認しよう）➡️ある者を仮定し，他の者を検討する→選択肢と照合する　**正答 2**

91

③ Aから順に「正直者」「うそつき」と仮定して，矛盾が生じるものは取り除いていく。

Step 1 Aが「正直者」と仮定し，矛盾が生じるか調べる

Aが正直者──→Bがうそつきならば，Cもうそつき

ここから，Bについて場合分けをすると，

1) Bがうそつきのとき

Cはうそつきとなる。⇒Cの発言で矛盾は生じない。また，Eが正直者ならば，Dも正直者となる。Eについて場合分けした表は，次のようになる。

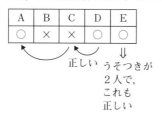

正しい

⇓ うそつきが2人で，これも正しい

Dの発言がうそのとき，Cはうそつきにならないので，Dは○

⇒Eがうそつきの場合，Bの発言が正しいかうそか判断できない

2) Bが正直者のとき

Eが正直者ならば，Dはうそつきになる。Eについて場合分けした表は，次のようになる。

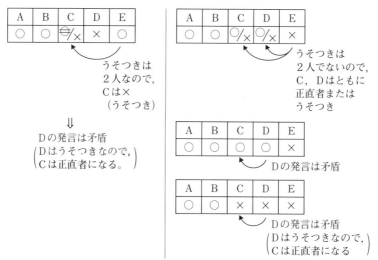

Step 2 Aが「うそつき」と仮定し，矛盾が生じるか調べる

Bがうそつきならば，Cは正直者となる。ここから，Bについて場合分け

をすると，

1）Bがうそつきのとき

Cは正直者となる⇒Cの発言で矛盾は生じない。また，Eが正直者ならば，Dも正直者となる。Eについて場合分けした表は，次のようになる。

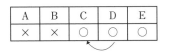

A	B	C	D	E
×	×	○	○	○

Dの発言は矛盾

A	B	C	D	E
×	×	○	○/×	×

⇒Eがうそつきの場合，Bの発言が正しいかうそか判断できない

2）Bが正直者のとき

Eが正直者ならば，Dはうそつきになる。Eについて場合分けした表は以下のようになる。

A	B	C	D	E
×	○	○	×	○

⇒Bが正直者の場合，Aの発言が正しいかうそか判断できない

A	B	C	D	E
×	○	×/○	○/×	×

⇒Eがうそつきの場合，Bの発言が正しいかうそか判断できない。

Step❸ 正しい選択肢をさがす

初めに作った表だけが成り立つので，**1〜4**はすべて，誤り。**5**は，Eが正直者なので，これが確実にいえる。

✍確認しよう ➡仮定から表を作る→選択肢と照合 　　　　　**正答 5**

④ ある者が真実を言っているならば，誰が食べる可能性があり，嘘をついているならば，誰が食べている可能性があるかを表にして，真実を述べている1人を検討していく。

Step❶ A～Eが真実か嘘のどちらを言っているかに分けて，表で整理する。

A～Eのそれぞれが真実か嘘のどちらを言っているかに分けて，そのときに誰がケーキを食べた可能性があるかを表にする。

	真実	嘘
A	DorE	AorBorC
B	CorE	AorBorD
C	AorDorE	BorC
D	AorBorE	CorD
E	AorB	CorDorE

Step❷ 真実を述べている者を検討しながら，ケーキを食べた者を特定する。

たとえば，Aがケーキを食べたとすると，C，D，Eの3人が真実を述べていることになり，「真実を述べているのは1人だけ」の条件に反する。

そこで，唯一Bだけが食べたと主張しているCがケーキを食べたことになる。ちなみに，真実を言っていたのはBである。

☞確認しよう ➡真偽に関して表を作成→対象の特定　　　　　正答 **3**

第3章

数量で表された条件

テーマ **8** 操作の方法

重要問題

　図のように，40枚のカードが重ねられており，1番上の1枚だけが赤い色のカードである。この状態から，最上部の10枚と，最下部の15枚を入れ替える。この操作を4回繰り返したとき，赤い色のカードは上から何枚目となるか。　【警察官・令和元年度】

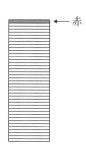

←―赤

1	11枚目
2	13枚目
3	15枚目
4	17枚目
5	19枚目

解説

1回の操作について分析し，それを繰り返していく。

Step 1　1回の操作でどのように変化するかを分析する。

　1回の操作で，1～10枚目は31～40枚目に，11～25枚目は16～30枚目に，26～40枚目は1～15枚目に移る。

　つまり，1回の操作で，1～10枚目は＋30枚目になり，11～25枚目は＋5枚目になり，26～40枚目は－25枚目になる。

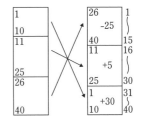

第3章

数量で表された条件

Step❷　4回の操作を行う

1回目に赤いカードは1枚目にあるので，1+30＝31枚目になる。

2回目に赤いカードは31枚目にあるので，31−25＝6枚目になる。

3回目に赤いカードは6枚目にあるので，6+30＝36枚目になる。

4回目に赤いカードは36枚目にあるので，36−25＝11枚目になる。

$$1 \longrightarrow 21 \longrightarrow 6 \longrightarrow 36 \longrightarrow 11$$
$$\quad +30 \quad\quad -25 \quad\quad +30 \quad\quad -25$$

　➡1回の操作の内容の把握→操作を繰り返す

正答 1

FOCUS

　操作の問題では，なによりも素早く正確に操作手順の内容を把握することが重要である。そのとき，図や表を利用すると把握の手助けになる。また，実際に具体的な数値などを使って，操作を行ってみることも必要である。

要点の

問題文に示された手順を一つ一つ順に表にして埋めていく。場合分けが必要なこともある。

操作の手順の問題では，何段階もの操作が行われる。それを1段階ごとに表に示して，変化を見ていくことが大切である。

〈例〉5枚のカードの表　　　　　　　裏返してバラバラにしたカード

| 1 | 2 | 3 | 4 | 5 |　　| 6 | 7 | 8 | 9 | 10 |

順序，表裏バラバラにしたカード

1回目　　| 4 | 9 | 3 | 8 | 1 |

このとき，1〜5のそれぞれのカードに記された裏面の数字を知るには，次のような表を作って，わかった部分を決めていく。

1回目で
わかった
部分

	1	2	3	4	5
6					
7					
8	×		×	×		←8の裏は1,3,4でない
9	×		×	×		←9の裏は1,3,4でない
10					

2回目　　| 2 | 3 | 6 | 5 | 7 |

上の表にさらに記入する。

2回目ま
でにわか
った部分

	1	2	3	4	5
6		×	×		×	←6の裏は2,3,5でない
7		×	×		×	←7の裏は2,3,5でない
8	×		×	×	
9	×		×	×	
10					

これを，3回目まで求めると，表裏の数字が決まる。

❷ 移動の手順を考える場合

移動の手順を考える問題では，途中の状態を1つずつ図示していくことがポイント。

　人や物の移動では，動いて入れ替わったごとに図に表して，最小の操作の回数を求める。

〈例〉男女2人ずつの4人が2人乗りのボートで川を渡ろうとしているが，漕ぎ手は男のみのとき，最少何回の移動で全員が向こう岸に渡れるか。

　このような問題では図示して求めるのがよい。

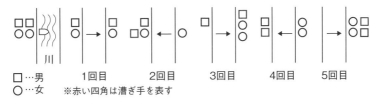

□…男　　　　1回目　　2回目　　3回目　　4回目　　5回目
○…女　　※赤い四角は漕ぎ手を表す

 ❸ 操作の手順が式で与えられた場合

3つの数 i, j, k があって，数 i を数 j に，数 j を数 k に，数 k を数 i にローテーションして変えるとき，たとえば，
Change（i, j, k）
という記号で表したとき，次のような問題がある。

〈例〉Change（1, 2, 3）→（3, 1, 2）のとき，
　　Change（Change（2, 5, 6））→Change（6, 2, 5）
　　→（5, 6, 2）
この種の問題では，次の手順をきちんと踏むことが重要である。

　式の意味を正しく理解する。
　　　↓
　1回ごとに，結果を示す。
　　　↓
　その結果をもとに，次の結果を示す。

実戦問題

① 下の図のように3本の柱が立っており，Aには4個の輪が下から大きい順に積み重ねられている。次のア〜ウのルールに従って，この4個の輪を移しかえて，Cの柱に下から大きい順にすべて積み直すために必要な最少の回数として，最も妥当なのはどれか。　　　　　　　　　【東京消防庁・平成27年度】

　ア　1回に動かす輪は1個とする。

　イ　小さい輪の上には大きい輪をのせてはならない。

　ウ　移動した輪は必ず柱に積み重ねるものとする。

1 14回

2 15回

3 16回

4 17回

5 18回

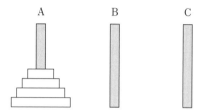

② スイッチが4個ついている箱があり，スイッチは1回押すごとにONとOFFが入れ替わる。ONの状態とOFFの状態のスイッチが2個ずつになったときに箱のふたが開くようになっているが，現在はONの状態のスイッチが3個，OFFの状態のスイッチが1個である。この状態から，いずれかのスイッチを1個押すことをA，スイッチを同時に2個押すことをBとして，A，Bいずれかの操作を続けて3回行ったとき，次のア〜ウのうちで，3回目までの操作で箱のふたが確実に開く場合をすべて挙げた組合せとして正しいものはどれか。　　　　　　　　　【地方初級・平成21年度】

　ア：A→B→A

　イ：B→A→B

　ウ：B→B→A

1 アのみ

2 イのみ

3 アとイ

4 アとウ

5 イとウ

異なる数が書かれた複数枚のカードを，左から数の小さい順に並べ替えよう
とするとき2枚ずつ比較する方法がある。カードが2枚の場合の例を図で示
すと，Aの位置とBの位置に置かれたカードを比較してBの位置に書かれた
数のほうが小さい場合には，カードの位置を取り替え，新たにAの位置に，
小さい数が書かれたカードがくる。もともとBのほうが大きい数の場合に
は，交換は行わない。

　今，図のように，A，B，Cの位置に，異なる数値が書かれたカードが1
枚ずつ置かれている。これらを順次，2枚ずつ比較する作業を繰り返し，左
から数の小さい順にカードが並ぶようにしたい。並べ替えの方法として，手
順の異なるア，イ，ウの3種類を考える。手順①，②，③のように進めた場
合，確実に並べ替えができるもののみをすべて挙げているのはどれか。

【国家Ⅲ種・中途採用者・平成23年度】

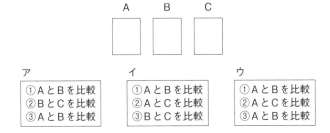

1　ア，イ
2　ア，ウ
3　イ
4　イ，ウ
5　ウ

次の図のような双六<ruby>双六<rt>すごろく</rt></ruby>がある。1つのサイコロを用いて，ふりだしから最も少ない回数であがるとき，確実にいえるのはどれか。ただし，あがるためには，余りが出ない目でなければならないものとする。

【特別区・平成28年度】

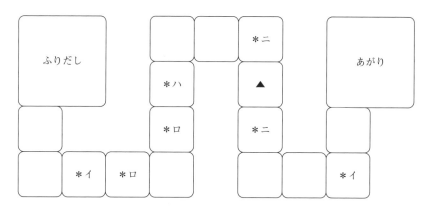

＊イ：2マス前に進む
＊ロ：ふりだしに戻る
＊ハ：▲に進む
＊ニ：1マス前に進む

1 1回目に「2」以下の目を出すと，最も少ない回数であがることはできない。

2 2回目に「3」の目を出すと，最も少ない回数であがることはできない。

3 3回目に「5」または「6」の目を出さなければ，最も少ない回数であがることはできない。

4 必ず1回は「5」の目を出さなければ，最も少ない回数であがることはできない。

5 あがるまでに出したサイコロの目の合計が10以上でなければ，最も少ない回数であがることはできない。

5 アルファベットが1文字ずつ書かれたカードが，左からA，B，C，D，E，Fの順に並んでいる。これらの隣り合った2枚のカードの左右を入れ替える操作を何回か繰り返して，左から，C，D，B，F，E，Aの順に並べ替えるとき，左右を入れ替える操作を行う最少の回数として，最も妥当なのはどれか。　　　　　　　　　　　　　　　　　【東京消防庁・平成26年度】

1　8回
2　9回
3　10回
4　11回
5　12回

実戦問題●**解説**

① 操作の内容を素早く理解し，各操作について，実際にやってみる。

Step❶　操作の把握

　説明のために小さい輪から順に①②③④と名づける。Cの柱に大きい順（④から①）に積み重ねることが目標である。

　そうすると，まずCに④を置くことが必要になる。AからCに④を移すためには，①～③を除く，つまり，Bに①～③を積み重ねる必要がある。そこまでの手順を考える。

Step❷　④をCへ移動させる

```
①
②        ②
③   →   ③    →   ③        →   ③  ①  →      ①    →
④        ④ ①     ④ ① ②       ④     ②     ④ ③ ②
A B C    A B C    A B C       A B C        A B C
         1回      2回         3回          4回
```

```
①        ① ②         ①            ①
④ ③ ②  →  ④ ③   →   ② ③  →      ② ③
A B C    A B C      ④ ③        ③ ④
5回      6回        A B C       A B C
                    7回         8回
```

　Cに④を移すためには，8回必要である。

Step❸　③，②，①を順にCへ移動させる

```
①
②        ② ①         ①        ①            ①    ③
③ ④  →  ③ ④   →   ② ③ ④ →  ② ③ ④ →    ② ④   →
A B C    A B C      A B C    A B C        A B C
8回      9回        10回      11回         12回
```

```
                        ②            ①
         ③            ③  →         ②
② ① ④  →  ① ④          ① ④          ③
A B C    A B C        A B C        ④
13回     14回          15回         A B C
                                   15回
```

☞確認しよう ➡操作内容の把握→各操作の検討　　**正答** 2

104

操作の内容を素早く理解し，各操作について，実際にやってみる。

Step❶　アの場合について調べる

（ON＝3，OFF＝1）の状態のとき，Aの操作を行うと，ONとOFFが1個入れ替わるので，（ON＝2，OFF＝2）となり箱が開くか，（ON＝4，OFF＝0）となる。次に，（ON＝4，OFF＝0）の状態のとき，Bの操作を行うと，ONからOFFに2個入れ替わるので，（ON＝2，OFF＝2）となり箱が開く。

よって，（ON＝3，OFF＝1）の状態のとき，A→Bの操作を行うと確実に箱は開く（※1）。

$$
(ON=3\ OFF=1) \overset{A}{\underset{\searrow}{\to}} \begin{array}{l}(ON=2\ OFF=2)\\ (ON=4\ OFF=0)\end{array} \overset{B}{\to} (ON=2\ OFF=2)
$$

Step❷　イの場合について調べる

（ON＝3，OFF＝1）の状態のとき，Bの操作を行うと，ONとOFFが2個入れ替わるので，①（ON＝3，OFF＝1）となるか，②（ON＝1，OFF＝3）となる。あとはA→Bの操作になり，※1と同様の検討により，箱は確実に開く。これは②（ON＝1，OFF＝3）の場合も同じである。

$$
(ON=3\ OFF=1) \overset{B}{\underset{\searrow}{\to}} \begin{array}{l}(ON=3\ OFF=1)\\ (ON=1\ OFF=3)\end{array} \overset{A}{\underset{\searrow}{\to}} \begin{array}{l}(ON=4\ OFF=0)\\ (ON=2\ OFF=2)\\ (ON=0\ OFF=4)\end{array} \overset{B}{\to} \begin{array}{l}(ON=2\ OFF=2)\\ (ON=2\ OFF=2)\end{array}
$$

Step❸　ウの場合について調べる

（ON＝3，OFF＝1）の状態のとき，Bの操作を行うと，ONとOFFが2個入れ替わるので，①（ON＝3，OFF＝1）となるか，②（ON＝1，OFF＝3）となる。①，②どちらの状態でも，Bの操作を行うと，再度①または②の状態になる。次に，①と②のどちらの状態でも，Aの操作を行うと，（ON＝2，OFF＝2）となるか，ONかOFFの一方が4個の状態になる。よって，箱は確実に開くとはいえない。

$(\text{ON}=3\ \text{OFF}=1) \xrightarrow{\boxed{B}} (\text{ON}=3\ \text{OFF}=1) \xrightarrow{\boxed{B}} (\text{ON}=3\ \text{OFF}=1) \xrightarrow{\boxed{A}} \begin{matrix}(\text{ON}=2\ \text{OFF}=2)\\(\text{ON}=4\ \text{OFF}=0)\end{matrix}$

$\searrow (\text{ON}=1\ \text{OFF}=3)\qquad (\text{ON}=1\ \text{OFF}=3) \to \begin{matrix}(\text{ON}=2\ \text{OFF}=2)\\(\text{ON}=0\ \text{OFF}=4)\end{matrix}$

【確認しよう】 ➡操作の内容の把握→各操作の検討　　　　　　　正答 **3**

③ 操作の内容を素早く理解し，各操作について，実際にやってみる。

Step❶　アの場合について調べる

まず，①AとBを比較することにより，A＜Bとなる。次に，②BとCを比較することで，B＜Cとなる。よって，この2回の比較により，Cに最も大きな数値の書かれたカードが並ぶ。さらに，③AとBのカードを比較することで，A＜Bとなるので，Aに最も小さな数値の書かれたカードが並ぶ。よって3回の手順で必ずA＜B＜Cの順にカードが並ぶことになる。

Step❷　イの場合について調べる

まず，①AとBを比較することにより，A＜Bとなる。次に，②AとCを比較することで，A＜Cとなる。よって，この2回の比較により，Aに最も小さな数値の書かれたカードが並ぶ。さらに，③BとCのカードを比較することで，B＜Cとなるので，Cに最も大きな数値の書かれたカードが並ぶ。よって3回の手順で必ずA＜B＜Cの順にカードが並ぶことになる。

Step❸　ウの場合について調べる

まず，①AとBを比較することにより，A＜Bとなる。次に，②AとCを比較することで，A＜Cとなる。よって，この2回の比較により，Aに最も小さな数値の書かれたカードが並ぶ。しかし次に，AとBのカードを比較しても，A＜Bとなることを確認しているにすぎず，Cに最も大きな数値の書かれたカードが並ぶとは限らない。つまり，B＞Cとなっている可能性がある。

たとえば，はじめに (A, B, C)＝(100, 10, 1) であったとすると，①の操作で (A, B, C)＝(10, 100, 1) に，②の操作で (A, B, C)＝(1, 100, 10) となるが，次の③の操作でも，(A, B, C)＝(1, 100, 10) のままである。

☞確認しよう ➡操作の内容の把握→各操作の検討　　　　正答 1

④ 双六盤の仕組みを理解し，選択肢を利用して，試行錯誤を実際にやってみる。

Step❶　双六盤の把握

あがるためには17マス進まなければならない。説明のために双六盤に0～17の数字を振る。双六盤の把握のためにマス目の効果を書き込んでおく。

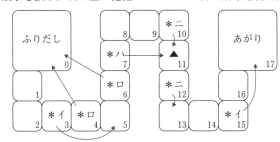

たとえば，⑤→⑤→⑥と目が出るとあがることができ，あがるための最も少ない回数は3回であるとわかる。

Step❷　選択肢の検討

すべての選択肢は「あがることはできない」という内容であるので，あがることができれば，各選択肢を否定できる。やみくもに検討するよりも選択肢を否定的に検討するほうが速く正答に達する。

選択肢1　たとえば，②→⑤→⑥と出すことで，0→2→(7→11)→17と移動し，1回目に②を出しても，最少の3回であがることができる。

選択肢3　たとえば，②→⑤→④と出すことで，0→2→(7→11)→(15→17) と移動し，3回目に④を出しても，最少の3回であがることができる。

選択肢4　たとえば，①→⑥→⑥と出すことで，0→1→(7→11)→17と移動し，1回も⑤を出さなくても，最少の3回であがることができる。

選択肢5　たとえば，③→②→④と出すことで，0→(3→5)→(7→11)→(15→17) と移動し，サイコロの目の合計が10未満でも，最少の3回であがることができる。

念のために**選択肢2**を検討しておく。3回であがるためには，3回目で15または17の目に止まる必要があり，そのためには，2回目で9または11の目に達しておく必要がある。

2回目で9に達するためには，2回目で5→9へと移動する必要があるが，2回目に④を出す必要があり，2回目に③を出すと不可能である。

また，2回目で11に達するためには，2回目で5→11または5→(7→11) または2→(7→11) または1→(7→11) と移動する必要があるが，2回目に⑥・②・⑤を出す必要があり，2回目に③を出すと不可能である。

以上より，2回目に③を出すと，3回であがることができないとわかる。

☞確認しよう ➡操作内容の把握→各選択肢を否定的に検討する 　　　正答 2

⑤ 操作がどのようなことをやっているのか，その意味を素早く理解し，実際に図などを描いて操作をやってみる。

Step❶ 操作の把握

説明のためには向きがあるほうが理解しやすいので，A君を先頭に，A君からF君まで並んでいるとする。

操作前から操作終了まで6人が入れ替わっているが，後ろから前に1人追い抜くということが，カードの左右を1回入れ替えるということと同じことを意味するので，各人が何人追い抜いたかをメモしていく。

Step❷ 入れ替わりの回数を求める

Cが2人，Dが2人，Bが1人，Fが2人，Eが1人，Aが0人を追い抜いたので，2+2+1+2+1+＝8〔回〕入れ替わる必要があり，8回が最少回数とわかる。

注意すべきことは，追い抜くことのみを数えることである。追い抜かれる

108

ことも数えてしまうと，1回の入れ替えを2回に数えてしまう。

【別解】入れ替わりの状況を図示すると下図のようになる。8回の入れ替わ
りが必要なことがわかる。

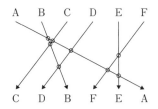

🔎確認しよう ➡操作内容の把握→各操作の図示　　　　　　　正答　1

テーマ 9　数量の関係

重要度

重要問題

　　A〜Eの5人が100円硬貨のみを持っており，全員の所持金合計額は1,100円である。それぞれの所持金について，Aは他の4人より多く，CはDより多く，BとEは異なっている。このとき，一通りにA〜Eの所持金が決まるために必要な条件として，最も妥当なのはどれか。

【警視庁・平成26年度】

1　Aの所持金は600円である。

2　Bの所持金はEより多い。

3　Cの所持金はEと同額である。

4　Dの所持金はBと同額である。

5　Eの所持金はDより少ない。

解説

問題の条件を満たす候補をすべて列挙した後に，選択肢を検討する。

Step ❶　5人で1,100円になる場合を列挙する

　問題文から，0円となる者が出る場合は考えない。列挙するときには，額の大きいものから並べるなど，モレやダブリが起こらないように気をつける。

①	700	100	100	100	100
②	600	200	100	100	100
③	500	300	100	100	100
④	500	200	200	100	100
⑤	400	400	100	100	100

⑥	400	300	200	100	100
⑦	400	200	200	200	100
⑧	300	300	300	100	100
⑨	300	300	200	200	100
⑩	300	200	200	200	200

Step ❷　問題の条件に合うものに絞る

　所持金がAは他の4人より多く，CはDより多いので，**A＞C＞D**となり，少なくとも3種類の額が必要になる。額が3種類以上になるのは，②③④⑥⑦⑨の6つである。また，最高額はAの1人だけなので，⑨はあり

えない。

②	600	200	100	100	100
③	500	300	100	100	100
④	500	200	200	100	100
⑥	400	300	200	100	100
⑦	400	200	200	200	100

　次に，ＢとＥが異なるので，3人が同じ額になる②③⑦もありえない。よって，所持金の組合せは④⑥に絞られ，ありえる各人の所持金は以下のように場合分けできる。**ＣとＤ，ＢとＥが同じ額にならないように注意する。**

④-1	500	200	200	100	100
	A	C	B	D	E

④-2	500	200	200	100	100
	A	C	E	D	B

⑥-1	400	300	200	100	100
	A	C	B	D	E

⑥-2	400	300	200	100	100
	A	C	E	D	B

⑥-3	400	300	200	100	100
	A	B	C	D	E

⑥-4	400	300	200	100	100
	A	E	C	D	B

Step❸　選択肢を検討する。

❶× ④とも⑥とも矛盾するので適切な条件ではない。

❷× ④－1と⑥－1と⑥－3がありえるので，一通りに絞れない。

❸◎ 正しい。④－2の一通りに決まる。

❹× ④－2と⑥－2と⑥－4がありえるので，一通りに絞れない。

❺× 1つもありえるものがない。

☞確認しよう　➡候補を列挙する→候補を絞る→選択肢のチェック

正答 3

数量の問題では方程式を立てる必要があることも多い。しかし，やみくもに式を立てるのではなく，まずは特徴のある条件から検討し，表なども利用して，確定できる数値は確定しておくべきである。

要点の まとめ

重要ポイント❶ 数的推理の方法を使う

数量関係を扱うのはほとんど「数的推理」の分野であるが，その扱い方に慣れておこう。

　判断推理で出題される数量関係を扱う問題は，次の❷〜❹の分野がほとんどである。数学的な方法や公式に慣れておこう。

重要ポイント❷ 方程式や不等式を扱うもの

基本的には数的推理の内容と同じ。基本的な解法をしっかりと身につけておこう。

　未知数を決めて，

■1次方程式を作って解を求める。　→ほとんどの解が正の整数。
■1次不等式を作って範囲を求める。→範囲の中の正の整数解を求める。
■連立方程式を作って解を求める。　→ほとんどの解が整数。

重要ポイント❸ 数列を考えるもの

基本的な数列の計算をできるようにしておこう。

数列についての基本的な和を使うものが中心である。

■自然数の和　$1+2+3+\cdots\cdots+n=\dfrac{1}{2}n(n+1)$

■偶数の和　　$2+4+6+\cdots\cdots+2n=n(n+1)$

■奇数の和　　$1+3+5+\cdots\cdots+(2n-1)=n^2$

■2乗の和　　$1^2+2^2+3^2+\cdots\cdots+n^2=\dfrac{1}{6}n(n+1)(2n+1)$

■累乗の和　　$a+ar+ar^2+ar^3+\cdots\cdots ar^{n-1}=\dfrac{a(1-r^n)}{1-r}$　　$(r\neq1)$

〈例〉$1+2+2^2+\cdots\cdots+2^{n-1}=\dfrac{1(1-2^n)}{1-2}=2^n-1$

　これは，数列1，2，2^2，$\cdots\cdots$，2^{n-1}のn個の和を示している。

重要ポイント **4** 順列，組合せなどが何通りあるか考える

問題に応じて「場合の数」「順列」「組合せ」を使い分けられるようにしよう。

■一つ一つ数え上げる方法→場合の数

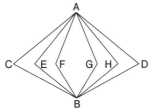

左図内の四角形の数（凹四角形も含めて）

ＡＣとＣＢを2辺として

△ＡＣＢＥ等　5個

ＡＥとＥＢを2辺として

△ＡＥＢＦ等　4個

以下同様にＡＦとＦＢ，ＡＧとＧＢ，ＡＨと

ＨＧを2辺として，順に3，2，1個　計　$5+4+3+2+1=15$［個］

■並べ方をもとに数え上げる方法→順列

n個の異なる物からr個取って1列に並べる方法の数

$$_nP_r = n(n-1)(n-2)\cdots\cdots(n-r+1)\ [通り]$$

〈例〉 (赤)(青)(緑)(黄)(白) の5色の玉から3個取り出す

→ 1列に並べる → $_5P_3 = 5\cdot4\cdot3 = 60$［通り］

■組合せとして数え上げる方法→組合せ

n個の異なるものからr個取る組合せの方法の数

$$_nC_r = \frac{n(n-1)(n-2)\cdots\cdots(n-r+1)}{r!}$$

$$= \frac{(n-1)(n-2)\cdots\cdots(n-r+1)\cdot(n-r)(n-r-1)\cdots\cdots3\cdot2\cdot1}{r!(n-r-1)(n-r-2)\cdots\cdots3\cdot2\cdot1}$$

$$= \frac{n!}{r!(n-r)!}$$

〈例〉 (赤)(青)(緑)(黄)(白)(黒) の6色の玉から3個取り出す方法

$$_6C_3 = \frac{6!}{3!(6-3)!} = \frac{6\cdot5\cdot4\cdot3\cdot2\cdot1}{3\cdot2\cdot1\cdot3\cdot2\cdot1}$$

$$= \frac{6\cdot5\cdot4}{3\cdot2\cdot1} = 20[通り]$$

実戦問題

ある小学校の生徒100人について，問題数が3問のテストを行ったとこ ろ，次のことが分かった。

ア 3問のうち1問だけ正解であった生徒の人数は，3問のうち2問以上が正解であった生徒の人数の3倍より40人少なかった。

イ 3問のうち2問が正解で1問が不正解であった生徒の人数は，3問すべてが正解であった生徒の人数の7倍であった。

ウ 3問すべてが不正解であった生徒の人数は，3問すべてが正解であった生徒の人数の2倍より4人多かった。

以上から判断して，3問全てが正解であった生徒の人数として，正しいのはどれか。　　　　　　　　　　　　　　　　　【東京都・令和2年度】

1　3人

2　4人

3　5人

4　6人

5　7人

A～Jの10個のボールがある。内訳は，1gのボールが8個，2gと3gのボールが1個ずつである。これらのボールを上皿天秤に載せたところ，図Ⅰ，Ⅱ，Ⅲのようになった。このとき，3gのボールはどれか。

【国家Ⅲ種・中途採用者・平成22年度】

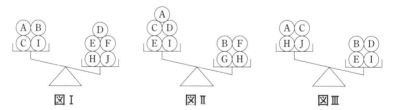

| 図Ⅰ | 図Ⅱ | 図Ⅲ |

1　B

2　D

3　F

4　G

5　H

3 図のように，円周を8等分する点がある。この中の3個を頂点とする三角形は全部で何種類できるか。ただし，回転したり裏返したりして一致するものは1種類とする。 【地方初級・平成22年度】

1 4
2 5
3 6
4 7
5 8

4 1から13までの数字が1つずつ書かれた13枚のカードがある。この13枚のカードから4人が1枚ずつ引いたところ，4人が引いたカードについて次のア～エのことがわかった。

ア　4枚の中で，奇数が書かれたカードは1枚だけであった。

イ　4枚のカードに書かれた数の和は23であった。

ウ　カードに書かれた数について，最大と最小との差は10であった。

エ　ある2枚のカードに書かれた数の差は4であった。

このとき，確実にいえるのはどれか。 【地方初級・平成30年度】

1 1のカードを引いた者がいた。
2 4のカードを引いた者がいた。
3 6のカードを引いた者がいた。
4 9のカードを引いた者がいた。
5 13のカードを引いた者がいた。

5 ビー玉30個をA，B，C，Dの4人で余らせることなく分けることにした。それぞれがもらった個数について次のアからウのことがわかっているとき，確実にいえることとして，最も妥当なのはどれか。

【東京消防庁・平成25年度】

ア：Bがもらった個数はAがもらった個数の3倍だった。

イ：CはAよりも7個多くもらった。

ウ：もらった個数が最も少なかったのはDである。

1 Aは4個もらった。

2 Bがもらった個数はCよりも少なかった。

3 Cは12個もらった。

4 CとDの2人で合わせて15個もらった。

5 Dは4個もらった。

実戦問題 ● 解説

1 与えられた条件を数式にして，その連立方程式を解いていく。連立方程式の
代入法と加減法による解き方は復習しておくべきである。

Step ❶　与えられた条件を数式にする

3問，2問，1問，0問正解だった生徒をそれぞれ，a人，b人，c人，d人
とする。

生徒は全部で100人なので，$a+b+c+d=100$　　　…①

条件アより，　　　　　　　$c=3(a+b)-40$…②

条件イより，　　　　　　　$b=7a$　　　　　…③

条件ウより，　　　　　　　$d=2a+4$　　　…④

Step ❷　作成した連立方程式を解く

求める答えはaの値なので，a以外の文字を消去していく。

③を②に代入すると，$c=3(a+7a)-40=24a-40$…②'

②'，③，④を①に代入すると，$a+7a+24a-40+2a+4=100$

$$34a=136$$

$$a=4$$

以上より，3問全てが正解であった生徒の人数は4人である。

☞確認しよう　➡与えられた条件を数式にする→連立方程式を解く　　**正答 2**

（2）特徴の大きい条件から検討をし，わかるものからボールの重さを導き出す。

Step❶　図Ⅱについて検討する

　まずボールの個数が5個と多いにもかかわらず，4個よりも軽いことを示す図Ⅱから検討を始める。

　図Ⅱより，A，C，D，E，Iの5個はすべて1gのボールである。なぜなら，この中に2gのボールが1個あった場合5個の重さは6gとなるが，B，F，G，Hの中に3gのボールがあったとしても6gなのでつり合い，右側が重くなることにはならないからである。

　また，B，F，G，Hのうちのいずれかが3gである。なぜなら，左側は5gなので，4個の右側のほうが重くなるためには，3gのボールがなければならないからである。

Step❷　図Ⅰについて検討する

　次に，左側のA，C，Iが1gとわかっている図Ⅰを検討する。ここから，Bは3gではないことがわかる。なぜなら，Bが3gだと左側が6gになり，右側に2gのボールがあったとしても6g以下だから，右側が重くなることはないからである。

Step❸　図Ⅲについて検討する

　さらに，図ⅢからHも3gではない。Hが3gならば左側は6g以上であり，右側は5g以下であるので，左側のほうが必ず重くなるからである。

また，右側のD，E，Iは1gとわかっており，Bは3gでないので，Bは2gである。そうでないと右側が重くならないからである。これで，Hも1gと決まる。また，この時点で3gの可能性があるのはFまたはGだけである。

Step❹　再度図Ⅰについて検討し，ボールの重さを確定する

　Bが2gと決まったので，図Ⅰの左側は5gである。したがって，右側の5個は5gより重くなるので，この中に3gのボールが含まれている。3gの可能性があるのはFまたはGだけなので，右側に含まれているFが3gのボールである。

☞確認しよう ➡特徴のある条件から検討→各ボールの重さを順に決めていく

正答 3

118

③ 弧の長さが変われば，その弦である辺の長さも変わることに着目し，弧の長さの組合せで整理する。

Step❶ 円周を3つの弧に分ける組合せが何通りあるのかを求める

試行錯誤で求めようとすると，重複や数え漏れがでる。円周の長さを8とすれば，弧の3つの長さの組合せの数は，3個の自然数の和が8となる組合せの数に一致する。組合せが同じであれば，順序が異なっていても裏返せば一致する。

3個の自然数の和が8となる組合せは，(1, 1, 6)，(1, 2, 5)，(1, 3, 4)，(2, 2, 4)，(2, 3, 3) という組合せである5通りである。

Step❷ 弧の組合せをもとに三角形を描いてみる

念のために，弧の組合せをもとに三角形を描くと，以下のようになる。

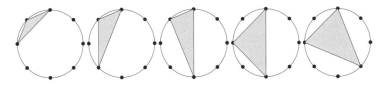

👉**確認しよう** ➡円周を3つの弧に分ける組合せを求める→選択肢の検討　**正答 2**

数量で表された条件

第3章

④ カードの範囲を絞りやすいものから条件を検討する。すべての条件を使い切るように注意する。

Step➊ 条件アとウから，最大と最小のカードを特定する。

条件ウより，4枚のカードの最大と最小の組の候補は，(13, 3)，(12, 2)，(11, 1) のいずれかである。ここで，条件アより，4枚の中で奇数は1枚だけであるから，(13, 3)，(11, 1) の組はありえず，最大と最小のカードは (12, 2) と確定する。

Step➋ 残る条件から4枚のカードを特定する。

現時点で，2と12は決まっているので，その和は14である。条件イより，4枚の和は23なので，残りの2枚の和は，23−14＝9である。よって，最大が12，最小が2であることに注意すると，和が9となる残りの2枚の候補は，ⅰ (3, 6)，ⅱ (4, 5) のいずれかである。

ここでこの2組を書き並べると，ⅰ：2, 3, 6, 12　ⅱ：2, 4, 5, 12 となるが，条件エより，ある2枚の差は4になるので，6−2＝4をもつ場合分けⅰに確定する。

よって，4枚のカードは2, 3, 6, 12であるから，6のカードを引いた者がいたことになる。

☞確認しよう ➡範囲を絞りやすい条件から検討→すべての条件を検討　　正答 3

120

⑤ 問題の条件を満たす方程式を立て，数値の候補を絞り，選択肢を検討する。

Step❶　問題文から方程式を立てる

AからDの個数をそれぞれa, b, c, dとする。

$a+b+c+d=30$　……①

条件アより$b=3a$　……②

条件イより$c=a+7$　……③

Step❷　方程式の文字を消し，条件を絞っていく

②と③を①に代入し，bとcを消す。

$a+3a+(a+7)+d=30$

$\qquad\qquad 5a+d=23$　……④

Step❸　式④を満たすa, dを列挙する

a, dはともに自然数であるから（各人少なくとも1つはもらっている），

$5a+d=23$　……④

を満たす，a, dの組合せは，

$(a,\ d)=(1,\ 18),\ (2,\ 13),\ (3,\ 8),\ (4,\ 3)$

である。

Step❹　候補の中から残りの条件に合うもの選び，数値を求める

条件ウより，dが4つの中で最も小さいから，$(a,\ d)=(4,\ 3)$であり，②と③に代入して$b=12$, $c=11$と求まるから，$a=4$, $b=12$, $c=11$, $d=3$となる。

Step❺　選択肢を検討する

1◎ 正しい。

2× $b>c$であり，誤り。

3× $c=11$であり，誤り。

4× $c+d=14$であり，誤り。

5× $d=3$であり，誤り。

☞確認しよう　➡方程式を立てる→条件を検討しつつ方程式を解く→選択肢のチェック

正答 1

重要問題

　次の図において，格子状の線分に沿って，7つの記号のすべてを1回ずつ「○→△→□→○→△→□→○」の順にたどるとき，通過する記号の順序の選び方は何通りあるか。

　ただし，通過する記号の順序が同一であれば，複数の経路があっても1通りとし，同じ線分を2回以上通ること，および経路を交差させることはできないものとする。　　　　　　　　【地方初級・平成23年度】

1　3通り
2　4通り
3　5通り
4　6通り
5　7通り

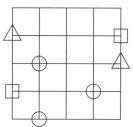

解説

　いきなり試行錯誤を始めるのではなく，可能性のある順序を数え上げてから，重複や数え漏れが出ないように検討していく。

Step❶　記号に名前をつけ，考えられる順序は何通りあるかを数え上げる

　図のように3つの○記号をA，B，C，2つの△記号をP，Q，□記号をX，Yとする。

　「○→△→□→○→△→□→○」とたどるとき3つの○記号A，B，Cの順序は，3!＝3×2×1＝6［通り］あり，その6通りのすべてについてP，Qの順序が2通り，X，Yの順序が2通りある。

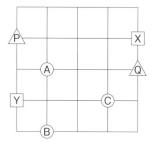

　よって，7つの記号をたどる順序は全部で6×2×2＝24［通り］が考えられる。このように，やみくもに線を引き始めるのではなく，可能性のある最大数をまず把握しておくと，重複や数え漏れを防ぐことができる。

Step 2 考えられる順序それぞれについて，実際にたどってみる

この24通りについて，実際に線分をたどってみる。しかし，たとえば，B→Pと進めば，その後に続かないことは明らかなので，24通りのすべてをたどる必要はない。条件を満たすことができる経路は4通りしかなく，ほかの順序はすべて不可能である。

A→P→Y→B→Q→X→C

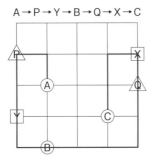

B→Q→X→A→P→Y→C

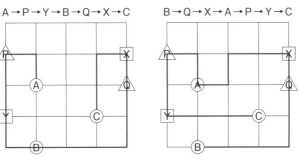

B→Q→X→C→P→Y→A

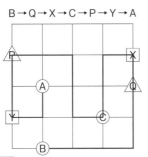

C→Q→X→A→P→Y→B

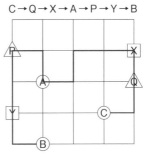

 ➡可能性のある順序を数え上げる→実際にたどる

正答 2

FOCUS

経路の問題では，順列・組合せの計算を使う問題が多いので，まずはきちんと計算ができるようになること。経路の数を求めるときも，いきなり試行錯誤をするのではなく，表や樹形図などを用い，重複や数え漏れを防ぐ工夫をすることが重要である。

要点の まとめ

重要ポイント **1** 道順の問題

 道路網を与えて一定の条件を満たす経路が何通りあるかを考えさせるものである。

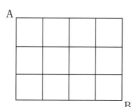

A地点からB地点までの最短経路の数

重要ポイント **2** 数え上げていく方法

 各交差点に，出発点からその交差点まで行く最短経路の数を出発点に近い方から順に記入していく。

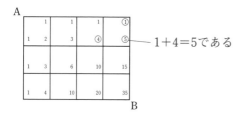

1＋4＝5である

重要ポイント **3** 順列・組合せの応用

 同じものを含む順列または組合せの公式を用いる。

図Ⅰ

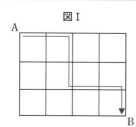

図Ⅱ

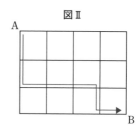

横に1区画進むことをaで，縦に1区画を進むことをbで表すことにすれば，図Ⅰに示された経路はaabbaabという順列に対応する。また，図Ⅱに示された経路はbbaaabaという順列に対応する。これらはa4つ，b3つによる同じものを含む順列という考え方ができる。逆に，a4つ，b3つによる任意の順列に対して1つの最短経路が対応している。

したがって，最短経路の数は，同じものを含む順列の公式を使って，

$$\frac{7!}{3!4!}=\frac{7\times6\times5\times4\times3\times2\times1}{3\times2\times1\times4\times3\times2\times1}=35\ [通り]\ となる。$$

また，これは7つの中から4つのaの選び方と考えることもできる。

すなわち○○○○○○○のような，7つの○のどの4つにaを入れるかを考えると，残りがbと必然的に決まる。したがって，組合せの公式を使って，

$$_7C_4=\frac{7!}{3!4!}=35\ [通り]$$

と求めることもできる（もちろん，どの3つにbを入れるかと考えて，$_7C_3$を計算しても同様である）。

重要ポイント 4 条件のある場合

 右折禁止，通行止めなどの場合は，右折する場合や通行禁止場所を通る場合を求めて，全体から引く。

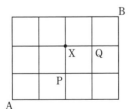

X地点で右折禁止の場合は，A→P→X→Q→Bの経路を求めて，A→Bへの最短経路の数35通りから引けばよい。

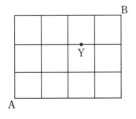

Y地点が通行止めの場合は，Yを通る場合を求めて，同様にA→Bへの最短経路の数から引けばよい。

1 A～Eの5人が図のような，直線道路 —— からなる道を通って神社に行った。各人は駅から同時に別々の方角に向かって出発し，神社に到着した。

次のことがわかっているとき，確実にいえるのはどれか。

なお，5人は同じ速さで歩き，道を後戻りしたり，曲がり角を3回以上曲がった者はいない。

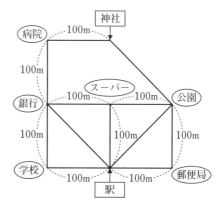

【国家Ⅲ種・平成20年度】

・Aは最初，Cとは正反対の方角に向かって出発した。
・Bは途中からAと一緒に歩く機会があった。
・Cは5人のうちで一番最後に神社に着いた。
・Dは途中でだれとも一緒に歩く機会はなかった。
・Eは5人のうちで一番最初に神社に着いた。

1 Aは，学校の前を通った。
2 Bは，郵便局の前を通った。
3 Cは，スーパーの前を通った。
4 Dは，病院の前を通った。
5 Eは，銀行の前を通った。

図のような道路がある町において，道路を進む際，進むことのできる道路の方向が東方向，北方向および北東方向の3方向に限られるとき，図のA地点からB地点を経由してC地点へ行く道順は何通りあるか。

【国家一般職／税務／社会人・平成26年度】

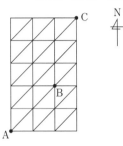

1 65通り
2 78通り
3 84通り
4 91通り
5 98通り

次の図のような，縦，横，等間隔で交差する道路がある。点線部は，実線部の4倍の速さで進むことができるとき，最短時間で点Aから点Bに行く経路は何通りか。

【特別区・平成25年度】

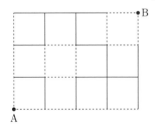

1 12通り
2 13通り
3 14通り
4 15通り
5 16通り

次の図は，物資の補給基地Aから供給地Hまでの経路を表したものである。BからF，CからH，DからHは空路，それ以外は陸路であり，矢印線上の数字はその区間の最大輸送量（単位はt）を表す。また，経路が複数ある場合には一度にすべての経路を使うことができるが，矢印の方向に一度しか物資を輸送できない。このとき，AからHに一度に送ることのできる物資の最大量として，正しいのはどれか。　　　　　　　　　　　　　【警視庁・平成25年度】

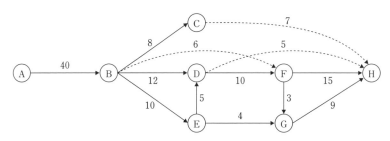

1　28t

2　30t

3　32t

4　34t

5　36t

実戦問題●解説

1 曲がり角を3回以上曲がった者はいないという条件から，神社までの行き方を場合分けする。

Step 1 曲がり角を曲がれる回数に注意して，経路を場合分けする

次の6通りが考えられる。

1）病院を通るとき

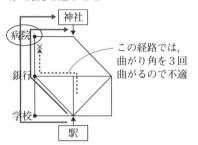

この経路では，曲がり角を3回曲がるので不適

2）病院を通らないとき

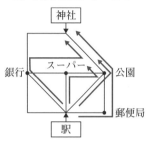

Step 2 各条件から，A〜Eの経路を決める

AとCは最初，互いに正反対の方角に向かって出発したので，AとCは駅から学校または郵便局へ向かったことになる。

Cは一番最後に神社に着いた＝最も長い距離を歩いたので，Cの経路は駅→学校→銀行→病院→神社となり，Aは駅→郵便局→公園→神社となる。

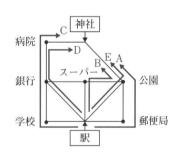

Eは一番最初に神社に着いたので，経路は駅→公園→神社となる。

2番目の条件から，BはAと一緒に歩く区間は公園→神社の間となる（駅→公園はスーパーを通っても郵便局を通っても同じ距離）ので，Bの経路は駅→スーパー→公園→神社となる。

Dの経路は最長距離ではないので，駅→銀行→病院→神社で決まる。

Step 3 正しい選択肢をさがす

妥当なものは，「Dは，病院の前を通った。」のみであり，**4**が正しい。

☞確認しよう ➡経路を場合分け→各条件に当てはめる　**正答 4**

② 各点までの最短経路数を出発点に近い方から順に記入していく。A地点から B地点，B地点からC地点に分けて数え，積の法則を使う。

Step❶ A地点からB地点までの最短経路数を求める

たとえば，右図のようにP・Q・Rの各点への経路数 が7通り，3通り，5通りであるとき，Sへの経路数は P→S，Q→S，R→Sの合計になるので，7＋3＋5＝ 15〔通り〕と求まる。

このように，A地点からB地点までの各点の経路数を 書き込んでいくと，A地点からB地点までの経路数は 13通りと求まる。

Step❷ B地点からC地点までの最短経路数を求める

同様に，B地点からC地点までの各点の経路数を書き 込んでいくと，B地点からC地点までの経路数は7通り と求まる。

Step❸ 積の法則により，経路数を求める

A地点からB地点を経由してC地点に行く道順は，13×7＝91〔通り〕と なる。

🖝確認しよう ➡経路数を書き込んで求めていく→積の法則　　　　正答 **4**

③ 最短時間で行くにはいくつの点線部を通らなければならないかを求め，その 後可能な経路の数を数えていく。

Step❶ 最短時間で行くための条件を検討する

点線部を進むほうが速いので，最短時間で行くにはできるだけ多く点線部 を通らなければならない。最短経路をしばらく検討すると**点線部を，最高で 5つ通れることがわかる**。そこで，点線部に何番目に通過するかを書き込ん でおく。左上の点線部を通ると点線部を4つまでしか通れないので×をつけ

ておく。

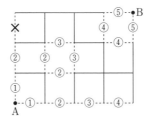

Step❷ 5つの点線部を通る，最短の経路数を求める

　最短経路のうちで，①から⑤の順に通れない部分には×をつけておく。

　①から⑤の順に通ることのできる最短の経路数を，各点にその点までの経路数を書きながら数え上げる。

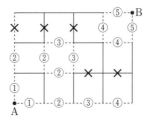

　これより，最短時間で点Aから点Bに行く経路は15通りとなる。

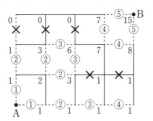

✑確認しよう ➡最短時間となる経路の検討→経路を数え上げる　　　正答 4

Step**1**　AからB，BからC・D・E・Fに運べる輸送量を書き込む

AからBには40t運べるので，Bには40t輸送される。

BからC・D・E・Fには8+12+10+6=36〔t〕運べるが，Bに存在する40tよりも少ないので，36tすべてを運べる。

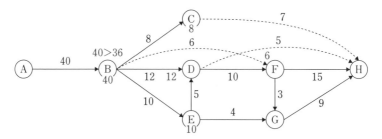

Step**2**　CからH，EからD・Gに運べる輸送量を書き込む

CからHには7t運べるが，Cに存在する8tよりも少ないので，Hに7t輸送される。

EからD・Gには5+4=9〔t〕運べるが，Eに存在する10tよりも少ないので，9tすべてを運べる。

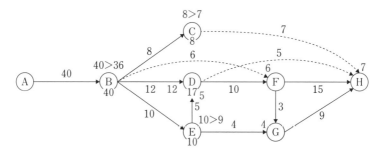

Step**3**　DからF・H，FからG・Hに運べる輸送量を書き込む

DからF・Hには10+5=15〔t〕運べるが，Dに存在する17tよりも少ないので，15tすべてを運べる。

FからG・Hには15+3=18〔t〕運べるが，Fには10+6=16〔t〕しか存在しないので，15tを目的地のHに運び，残りの1tをGに運ぶ。

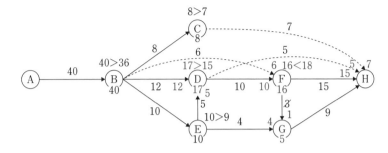

Step 4 GからHに運べる輸送量を書き込み，Hへの輸送量を求める

GからHには9t運べるが，Gには5tしか存在しないので，5tをHに運ぶ。

以上より，Hには7＋5＋15＋5＝32〔t〕が運ばれる。

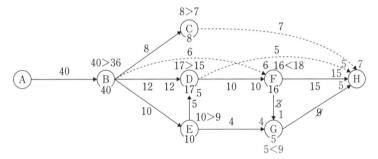

確認しよう ➡題意の把握→輸送量の記入　　　正答 3

第4章

方位と位置

重要問題

　ある都市における、スタジアム、体育館、水泳場、馬術場、選手村の5つの施設の位置関係について、次のア〜オのことが分かっているとき、確実にいえるのはどれか。　　　　　　　【特別区・令和2年度】

　ア　選手村の真北に体育館がある。

　イ　体育館の南西にスタジアムがあり、スタジアムの南東に馬術場がある。

　ウ　選手村の北東に水泳場があり、水泳場の真南に馬術場がある。

　エ　スタジアム、馬術場、選手村は一直線上にある。

　オ　スタジアムから選手村までの距離は、選手村から水泳場までの距離と等しい。

1　体育館は水泳場の北西にあり、スタジアムは水泳場の南西にある。

2　馬術場は選手村の南東にあり、体育館は馬術場の真北にある。

3　水泳場から馬術場までの距離は、スタジアムから体育館までの距離より短い。

4　選手村からスタジアムまでの距離は、スタジアムから体育館までの距離より長い。

5　スタジアムから水泳場までの距離は、水泳場から馬術場までの距離と等しい。

解説

　与えられた条件を図示して，組み合わせていく。すべての条件を使い切っているかどうかのチェックを忘れずにする。

Step ❶　与えられた条件を図にする

　ア，イ，ウの条件を北が上になるように図にしてみる。このとき，長さは

わからないので，適当でよい。角度がわかるものは書き込んでおく。エの条件は図にしにくいのでおいておき，後で忘れずに使う。オの条件は，長さを「＝」を使って表すようにする。

Step❷　Step❶で作った図を組み合わせていく

　図を組み合わせるときは，長さを変えてもよいが，方角（角度）は変えないように注意する。**Step❶**で作った3つの図は，体育館，選手村，馬術場が共通しているので，その共通部分で結び付ければよい。

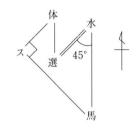

Step❸　条件エを満たすように図を変形する。

　条件エより，スタジアム，馬術場，選手村は一直線上にあるが，まだ図はそうなっていないので，長さを調節して，一直線にする。

　これにより，選手村はスタジアムの南東にあり，水泳場の南西にあることがわかるので，スタジアム－選手村－水泳場の角度は90°とわかるので，それも図に書き入れる。さらに，水泳場－選手村－馬術場の角度も45°とわかるので，それも図に書き入れる。

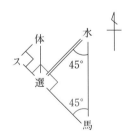

Step❹　条件オを満たすように図を変形し，選択肢を検討する。

　条件オより，スタジアムと選手村の距離は，選手村と水泳場までの距離に等しいが，図はそうなっていないので，長さを調節する。

　ここで，スタジアムと選手村の距離に「＝」を入れるが，体育館－スタジアム－選手村や水泳場－選手村－馬術場も直角二等辺三角形なので，等しい距離に「＝」を書き入れる。

　すべての条件を使ったので，選択肢を検討する。

1 ✕　スタジアムは水泳場の南西にはない。

2 ✕　体育館は馬術場の真北にはない。

3 ✕　水泳場から馬術場までの距離は，スタジアムから体育館までの距離より長い。

4 ✕　選手村からスタジアムまでの距離は，スタジアムから体育館までの距離と等しい。

5 ◎　スタジアムから水泳場までの距離は，水泳場から馬術場までの距離に等しい。スタジアム－選手村－水泳場の直角二等辺三角形と，水泳場－選手村－馬術場の直角二等辺三角形は，合同である。

☞**確認しよう**　➡条件を図にする→条件にあわせて組み合わせる→選択肢の検討

正答 5

　方位の問題では，図を描くことが必須である。さらに，条件に距離が与えられれば，平面図形等の性質を用いることになる。距離が不明のときは，方向・方位のみで場合分けをしながら検討していく。

重要ポイント ① 方位・方角の問題の解き方

与えられた条件から位置関係を正しくつかむことがポイント。

方位，方角の問題では，大別して，
■複数の条件から，方位・方角を定めるもの
■方位・方角と距離が与えられて，位置を定めるもの
の2通りがある。距離関係があるかどうかを見定めることが大切。

重要ポイント ② 方位を間違いなくつかむ

16方位を正確に覚えておこう。

東西南北以外に，右図に示す方位の名称を正し
く理解しておくこと。

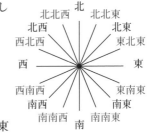

・北・南を中心として示す。
　次に東・西を中心として示す。
・右図で，方位と方位のなす角は
　22.5°（＝360°÷16）

〈例〉AはBの真北，BはCの西，DはCの南南東
　　→このとき，位置関係のみわかるが，
　　　相互の距離関係はわからない。した
　　　がって，右図のどちらも正しい。

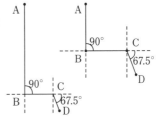

重要ポイント ③ 方位を決める

距離が具体的に示されていなくても，距離の比や「等距離にあ
る」ことがわかれば，方位を決められることがある。

いくつかの条件を使って，最後の位置や方位を決める。このとき，角度の
計算が必要な場合もある。

重要ポイント ④ 方位・方角に距離が加わった場合

三平方の定理が重要。代表的な直角三角形の3辺の比を覚えておこう。

このとき，基本になるのは，直角三角形の3辺の比で，三平方の定理から求められる。

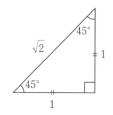

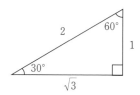

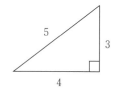

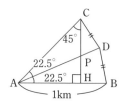

←22.5°（北と北北東のなす角）の作図。

〈例〉AはBの真西1km，CはAの北東1km，
　　　DはAの東北東1kmの位置関係。
　　　このとき，CP≠PHであることに注意。

重要ポイント ⑤ 等しい距離の求め方

垂直2等分線，円，正三角形などの性質を応用することがポイント。

図上では，次の方法が使われる。

■垂直二等分線を使う　　　■円を使う　　　■正三角形を使う

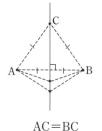

AC＝BC　　　　　　OA＝OB＝OC　　　　　AB＝BC＝CA

実戦問題

Aはある方角に向かってまっすぐ歩いていた。最初の交差点を右に90°曲がり，しばらくまっすぐ歩いてから次の交差点で進行方向に向かって右に45°曲がり，さらにまっすぐ歩いて突き当たりのT字路を左に90°曲がったところ，南を向いていた。Aが初めに歩いて向かっていた方角として，最も妥当なのはどれか。　【東京消防庁・平成24年度】

1 南東　　**2** 東　　**3** 北東　　**4** 北　　**5** 北西

次の図のような正方形の4つの頂点と対角線の交点の位置に椅子a，b，c，d，eが置いてある。A，B，C，Dの4人が好きな椅子に座り，次のことがわかっているとき，5つの椅子のうち空いているものとして，正しいのはどれか。　【警視庁・平成25年度】

ア　Aの真南には誰もいない。
イ　Bの北東の方向にAがいる。
ウ　Cの真西にDがいる。

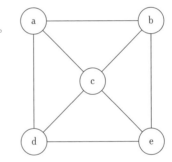

1 a
2 b
3 c
4 d
5 e

A～Fの6つの塔がある。いま，次のア～エのことがわかっているとき，確実にいえるのはどれか。　【特別区・平成26年度】

ア　A塔の真北にはB塔があり，真西にはE塔がある。
イ　C塔の真南にはD塔があり，真西にはF塔がある。
ウ　B塔とC塔の距離は，C塔とD塔の距離よりも遠く，A塔とB塔の距離と等しい。
エ　B塔の真北にはF塔があり，B塔とF塔の距離とC塔とD塔の距離はそれぞれ等しい。

1 A塔からはB塔よりE塔のほうが遠い。
2 A塔からC塔までの距離とA塔からF塔までの距離は等しい。
3 A塔から一番遠いのはF塔である。
4 B塔から他のすべての塔までの距離はすべて等しい。
5 B塔からはC塔よりE塔のほうが遠い。

1 図をかいて，位置関係を調べる。最後に南を向くという条件が与えられているので，逆にたどるとわかりやすい。

Step 1 最後に南を向いている

Step 2 右に90°曲がる

「左に90°曲がったところ，南を向いていた」ということは，逆にたどるときは，右に90°曲がればよい。以下も同様にする。

Step 3 左に45°曲がる

Step 4 左に90°曲がる

これまでの検討から，Aは初めに南東を向いていたことがわかる。

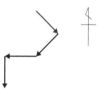

確認しよう ➡ 与えられた情報をもとに図を描く→選択肢をチェックする **正答** 1

② 確定しやすい条件から図を描いて，位置関係を明らかにする。

Step❶　条件アと条件イの図示

　条件イより，Bの北東にAがいることから，図1〜3の場合分けが考えられる。条件アより，Aの真南には誰もいないので，×を書き込んでおく。

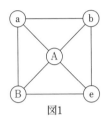
図1

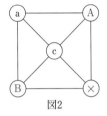
図2

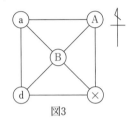
図3

Step❷　条件ウの検討

　Cの真西にDを配置できるのは，図1の場合のみであり，完成図は図4になる。

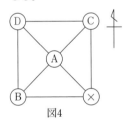
図4

　よって，空いているのは e である。

確認しよう ➡与えられた条件をもとに図を描く→選択肢をチェックする　**正答** 5

③ 確定しやすい条件から図を描いて，位置関係を明らかにする。小さい図を組み合わせて全体の図を求めていく。

Step❶ 条件アと条件イの図示

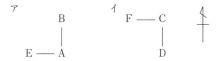

Step❷ 条件ウの書き込み

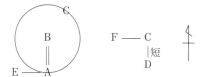

　AとCは，Bからの距離が等しい（CはBを中心，線分BAを半径とする円周上にある）。CとDの距離は線分BAよりも短い。

Step❸ 条件エにより，図を組み合わせる

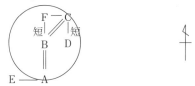

Step❹ 完成図より，選択肢を検討する

1✕ AとEとの距離に条件がなく不明である。

2✕ 線分ACのほうが線分AFより長く，誤り。

3✕ Aから一番遠いのはCまたはEであり，誤り。

4✕ BからはAやCより，DやFのほうが近く，誤り。

5◎ 正しい。Bを中心，線分BCを半径とする円の外側にEがある。

☞確認しよう ➡与えられた情報をもとに図を描く→選択肢をチェックする **正答** 5

144

テーマ 12 相互の位置関係

重要度

重要問題

　図のような，等間隔に8人分の席が用意された円卓に，3組の男女のカップル（A，B），（C，D），（E，F）が着席している。次のア～オのことがわかっているとき，確実にいえるのはどれか。

【警察官・令和元年度】

　ア　AとB，CとD，EとFはそれぞれ隣り合って着席しており，AとBの席は図に示す位置である。

　イ　空席は隣り合っておらず，また，女性の隣に他のカップルの男性が着席していることはない。

　ウ　Aの正面の席には，男性が着席している。

　エ　Dは女性で，Dの正面に着席しているのも女性である。

　オ　Eの右隣にはFが着席している。

1　Aは男性である。
2　Bは女性である。
3　Cは空席の隣に着席している。
4　Eは女性である。
5　Fは男性である。

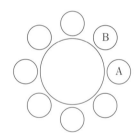

解説

複数回必要になる場合わけを，クリアしていく。

Step1　条件から明らかなことを図に書き込み，条件エ・オをブロックにする。

　説明のために，席に①～⑥の番号をつける。

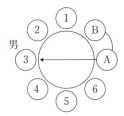 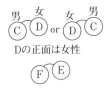

Step❷　①が空席かどうかを検討する。

　①に誰か着席しているとすると，②には①とカップルの者が着席している。そして，③には男性が着席しているので，④に③とカップルの女性が着席している。ところがそうすると，⑤と⑥が空席になってしまい，条件イに反する。よって，①は空席である。さらに，②には誰か着席していることになるので，②には③とカップルの女性が着席している。

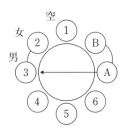

Step❸　④，⑥のどちらがもう1つの空席かを場合分けをして検討する。

　ⅰ（④が空席）のとき，条件エは女性同士が正面で向かい合うと言っているが，そうなりうるのは，②と⑥だけである。そうすると，⑤は⑥とカップルの男性で，Aは条件イより女性に，Bは男性になる。

　ⅱ（⑥が空席）のとき，条件イより④は男性に，⑤は女性になる。ところがそうすると，女性同士が正面で向かい合うことがなくなるので，条件エに反する。

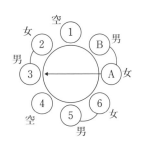

　よって，ⅰからもう1つの空席は④であることがわかる。

Step❹　②，⑥のどちらがDかで場合分けをして，選択肢を検討する。

　ⅰ－1（②がD）のとき，③はCである。そして残りの⑤と⑥はEとFになる。

　ⅰ－2（⑥がD）のとき，⑤はCである。そして残りの②と③はEとFになる。

i-1 　　　　　　　　　　　　i-2

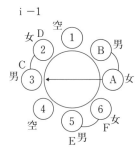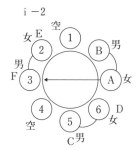

　ここで，選択肢をチェックする。

1 ✗ （i−1），（ii−1）ともにAは女性である。

2 ✗ （i−1），（ii−1）ともにBは男性である。

3 ◎ （i−1），（ii−1）ともにCは空席の隣に着席している。

4 ✗ （i−1）のときに，Eは男性である可能性がある。

5 ✗ （i−1）のときに，Fは女性である可能性がある。

【☞確認しよう】 ➡条件を図示する→場合分け→選択肢のチェック

正答 **3**

（別解）　カップル（A，B）について，Aが男性，Bが女性であれば，選択肢1，2のどちらも正答になってしまうので，Aは女性，Bは男性である。

　またカップル（E，F）について，選択肢4，5にも同様のことがいえ，Eは男性，Fは女性である。よって，正答は残る3になる。

　このように選択しを検討するだけで正答に達する問題もある。

　位置関係の問題は，図で考えることがほとんどなので，条件も視覚化しておくとよい。また，制約の強い条件から優先して使ったり，条件をうまく組み合わせたりすることによって，場合分けを少なくすることができる。

要点の まとめ

重要ポイント1 位置関係の問題の種類

 位置関係の問題の代表的なパターンを知っておこう。

```
位置関係の問題 ┬→部屋割り ┬→平面上の問題（平屋）
              │          └→立体上の問題（2階建て以上）
              └→座席の決定 ┬→長方形のテーブル
                          └→円形のテーブル
```

重要ポイント2 条件をどの順に使うか

 複数の条件から，一番制約の強い条件を見つけ出して，そこから決めていくのがポイント。

　条件の中には，その位置が1か所に固定されて決定するものがある。このような条件から使っていく。

〈例〉

(1) 右図で，Aの座席は前から3列目，Bの座席はAの右後ろ。
　　　→Aは3列目の4か所。
　　　→条件が広い。

(2) 右図で，Aの座席は3列目，左から3番目で，BはAの右後ろか左後ろ。
　　　→右図のように，Aが決定。
　　　→Bは2通り。

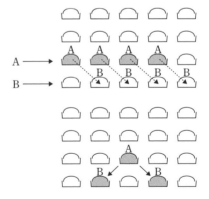

重要ポイント3 場合分けを行う

 上の2の(2)のように，2通り以上の位置関係が考えられるときは，場合分けをして考えていく。

〈例〉上の〈例〉の(2)で，
　　　BがAの左後ろ

第4章

方位と位置

　　　　BがAの右後ろ

　　　　　→次に使う条件によって，進める。

　　　　　→矛盾するものは除く。

　　　　　→正答を得る。

 重要ポイント❹ 離れたものの関係の扱い方

> 離れたものの関係も，制約の強い条件から使っていく。離れ具合
> をつかむことがポイント。

　空いているところが何か所であるかを調べ，可能性によって場合分けして
いく。左右を入れ替えた場合も見落とさないように。

〈例〉6つ並んだ部屋に，A，Bが間に2つ空けて入る。

　　　残った部屋に，C，D，E，Fが入る（種々の条件が付いて）。

　　　右図のように，A，Bの入り方がある。

　　　　→この6通りについて他の条件を入

　　　　　れる。

　　　　→条件と矛盾するものを除いていく。

A			B		
	A			B	
		A			B
B			A		
	B			A	
		B			A

 重要ポイント❺ 円いテーブルの座席

> 円いテーブルでは，1人を固定して考えていく。

〈例〉　A，B，……，Fの6人→座る。

　　　　→6通りは同じ位置関係。

　　　　→Aを固定して考える。

　　　さらに，Aの真向かいがFならば

　　　　→席はA−Fの線で左右対称。

　　　　→一方の側で考える。

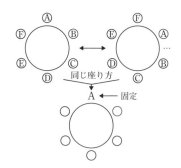

実戦問題

1 A～Eの5人が1人ずつ乗った5台の自動車が，図のような配置で停まっている。5台の自動車にはそれぞれ，1号車から5号車までの異なる番号が与えられており，ア～オのことがわかっているとき，正しいのはどれか。

【地方初級・平成25年度】

西　□　□　□　□　□　東

ア Aは3号車に乗っており，その東隣は1号車である。

イ Bが乗っている自動車の東隣は4号車である。

ウ Cが乗っている自動車の東隣は5号車である。

エ Dが乗っている自動車は，Cが乗っている自動車より西側に停まっている。

オ Eが乗っている自動車は，東西いずれかの端に停まっており，Bが乗っている自動車とEが乗っている自動車の間に，2台の自動車が停まっている。

1 Aが乗っている自動車は，東から2番目に停まっている。

2 Bが乗っている自動車は1号車で，西から2番目に停まっている。

3 Cが乗っている自動車は2号車で，東から3番目に停まっている。

4 Dが乗っている自動車は4号車で，西から4番目に停まっている。

5 Eが乗っている自動車は5号車で，西の端に停まっている。

第4章

方位と位置

2 100mの等間隔で碁盤の目状に配置された街路がある。A〜Fの6人がそれぞれ異なる位置で，2本の道路が交差する点（交差点）に立っており，自分の立っている交差点の2本の道路の延長上に立っている者は見ることができるが，それ以外の者については見ることができない。A〜Dの4人が立っている交差点は図に示すとおりで，E，Fが立っている交差点については，次のア〜ウのことがわかっている。

ア　AからはEだけが見えるが，他の4人は見ることができない。

イ　BからはEとFが見えるが，他の3人は見ることができない。

ウ　FからはBとCが見えるが，他の3人は見ることができない。

　　このとき，Eの立っている交差点からFが立っている交差点まで道路に沿って歩く場合，その最短の距離として正しいのはどれか。

【地方初級・平成24年度】

1 100m
2 200m
3 300m
4 400m
5 500m

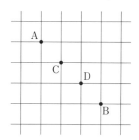

3 次の図のような①〜⑥の部屋のうち，1つが空き部屋であり，残りの5つにA〜Eの5人がそれぞれ住んでいる。A〜Eは，会社員か学生のどちらかである。今，次のア〜エのことがわかっているとき，空き部屋としてありえるものを選んだ組合せはどれか。　【特別区・平成24年度】

ア　①には，会社員が住んでいる。

イ　Bは学生である。

ウ　Bの部屋の真向かいは空き部屋であり，その空き部屋の隣はAの部屋である。

エ　Cの部屋の隣は，Aの部屋である。

1 ②，④　　　　**2** ②，⑤
3 ③，④　　　　**4** ③，⑥
5 ④，⑥

③	廊	⑥
②	下	⑤
①		④

4 ア〜オの5家族が，図のような配置の座席を利用した。ア，イ，ウの家族はそれぞれ3人，エ，オの家族はそれぞれ4人であり，1人1席ずつ利用した。次のことが分かっているとき，確実にいえるのはどれか。

ただし，ア〜オの5家族以外の者はいなかったものとする。

【国家一般職／税務／社会人・平成29年度】

前

1列目	A	B	C	D	E
2列目	A	B	C	D	E
3列目	A	B	C	D	E
4列目	A	B	C	D	E

後ろ

○ アの家族は，ある列のA，B，Cの3席を利用した。また，アの家族が利用した3席の一つ後ろの列のA，B，Cの3席は，いずれも誰かが利用した。

○ イの家族は，ある列のA，B，Cの3席を利用した。また，イの家族が利用した3席は，ウの家族が利用した3席より前の列にあった。

○ ウの家族は，ある列のC，D，Eの3席を利用した。また，ウの家族が利用した3席は，オの家族が利用した4席より前の列にあった。

○ エの家族は，ある列のD，Eの2席と，別のある列のD，Eの2席を利用した。また，エの家族が利用した4席は，いずれもオの家族が利用した4席より前の列にあった。

○ オの家族は，ある列の4席を利用した。

1 アの家族は，3列目のA，B，Cの3席を利用した。

2 イの家族は，2列目のA，B，Cの3席を利用した。

3 エの家族は，1列目のD，Eを含む4席を利用した。

4 オの家族は，4列目のD，Eを含む4席を利用した。

5 2列目のEの席は，誰も利用しなかった。

次の図のようなマンションにA～Lの12人が相異なる部屋に住んでおり，他の部屋は空き部屋になっている。次のア～キのことがわかっている。

401	402	403	404
301	302	303	304
201	202	203	204
101	102	103	104

ア AはGと隣どうしである。

イ Bのすぐ下の部屋にE，Eのすぐ下の部屋にFが住んでいる。

ウ Cの両隣にはDとHが住んでいる。

エ Iのすぐ上の部屋にKが住んでいる。

オ JはFの隣に住んでいる。

カ LはCのすぐ上の部屋に住んでいる。

キ 104，302，404は空き部屋である。

このとき，確実にいえるのはどれか。　　　　　　【警察官・平成24年度】

1 AとBは隣どうしに住んでいる。

2 Eの両隣は空き部屋である。

3 Fのすぐ下の部屋にはHが住んでいる。

4 Hは101に住んでいる。

5 JとKは同じ階に住んでいる。

実戦問題●解説

① 各条件からブロックをつくり，それらを組み合わせてあてはめていく。複数の可能性がある場合は場合分けをする。

Step❶ 各条件からブロックをつくり視覚化する

ア
A	
3	1

イ
B	
	4

ウ
C	
	5

オ
E		B
または
	B		E

Step❷ ブロックどうしで組み合わせることのできるものを合わせる

イオ
E			B
			4
図1
または
	B		E
		4	
図2

Step❸ ブロックを組み合わせて場合分けをしていく

E	A	C	B	
3	1	5	4	
図1−1

A	B	C		E
3	1	4		5
図2−1

A	B		C	E
3	1		4	5
図2−2

C	B		A	E
5	4		3	1
図2−3

Step❹ 条件エより場合分けを絞っていく

DがCの西側に配置できるのは，図2−2のみである。よって，完成図は以下のようになる。

A	B	D	C	E
3	1	4	2	5

Step 5 完成した図から，選択肢をチェックする

1 × Aが乗っている自動車は東から5番目である。

2 ◎ 正しい。

3 × Cが乗っている自動車は2号車であるが，東から2番目である。

4 × Dが乗っている自動車は4号車であるが，西から3番目である。

5 × Eが乗っている自動車は5号車であるが，東の端に停まっている。

☞確認しよう ➡各条件を図にする→図を組み合わせる→選択肢のチェック

正答 2

---

2 各条件から立っている位置の候補を絞り，場合分けをする。

Step 1 各条件から位置の候補を視覚化する

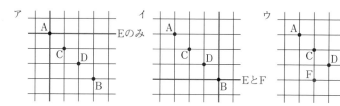

Step 2 条件から，EとFの位置の候補を図示する

条件アとイからEの位置の候補，条件ウからFの位置の候補が決まるが，条件ウより，FからはEが見えないので，次の2通りの場合分けになる。

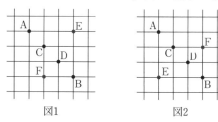

図1　　　　　　図2

Step 3 EとFの距離を検討する

場合分け図1の場合も，図2の場合もEとFの最短距離は500mである。

☞確認しよう ➡各条件を視覚化する→条件から場合分けをする

正答 5

3 各条件からブロックを作り，それらを組み合わせて当てはめていく。

Step❶ 各条件から小さなブロックを作り視覚化する

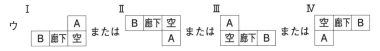

Step❷ 組み合わせることのできるブロックは合わせておく

Step❸ 組み合わせたブロックを部屋の図に並べ，住民を書き込む

条件アとイから，①には会社員が住んでいることから，学生のBは①に入れず，①は空き部屋でもないことがわかる。よって，可能性があるのは，ⅡまたはⅣであり，そのときの空き部屋はそれぞれ⑥と③である。

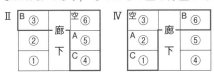

📖確認しよう ➡各条件を視覚化する→図に当てはめる→選択肢のチェック

正答 **4**

④ 与えられた条件をブロックにして，それを組み合わせていく。

Step❶ 5つの条件をブロックにする。

説明のために，5つの条件を順に I 〜 V とする。

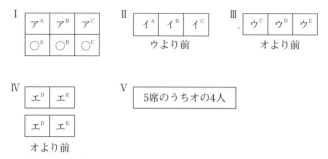

Step❷ アの家族の後ろの列にくる家族で場合分けをする。

アの家族の一つ後ろの列のA〜Cの3席を利用しうるのは，ⅰ（イの家族）またはⅱ（オの家族）である。

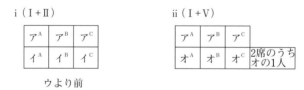

Step❸ 場合分け ⅰ，ⅱに対して，残りのブロックを組み合わせる。

ⅰについて，イの家族はウの家族より前（Ⅱ）で，ウの家族はオの家族より前（Ⅲ）なので，前からア→イ→ウ→オとなる。エの家族は空いている席にうめる。

ⅱについて同様に，前からイ→ウ→ア→オとなる。エの家族は空いている席にうめる。

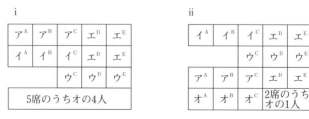

Step❹ 選択肢をチェックする。

1❌ （ⅰ）からアの家族は，1列目を利用した可能性がある。

2❌ （ⅱ）からイの家族は，1列目を利用した可能性がある。

3◎ （ⅰ），（ⅱ）ともにエの家族は，1列目のD，Eを利用している。

4❌ （ⅰ），（ⅱ）ともにオの家族は，4列目を利用するが，D，Eを含むと
は限らない。

5❌ （ⅰ），（ⅱ）ともに2列目のEの席は利用されている。

☞確認しよう ➡条件をブロックにする→場合分けをしながら組み合わせる
　　　　　　　　→選択肢のチェック　　　　　　　　　　　　　　　　**正答** **3**

⑤ 各条件からブロックを作り，それらを組み合わせて当てはめていく。場合分
けが発生することもあるが，うまく図で表す。

Step❶ 各条件からブロックを作り視覚化する

ア　| A | G | または | G | A |

イ　
| B |
| E |
| F |

エ　
| K |
| I |

カ　
| L |
| C |

ウ　| D | C | H | または | H | C | D |

オ　| J | F | または | F | J |

Step❷ ブロックどうしで組み合わせることのできるものは合わせておく

ア　| A | G | または | G | A |　　　エ　
| K |
| I |

イ＋オ

ウ＋カ

方位と位置

第4章

Step❸ 組み合わせたブロックをマンションの図に並べる

条件キから空き部屋があることに注意して，ブロックを並べていく。可能なブロックの並べ方は次の1通りしかない。

401	402	403	4̸0̸4̸
301	3̸0̸2̸	303	304
201	202	203	204
101	102	103	1̸0̸4̸

Step❹ ブロックの中に住民を書き込んでいく

このとき，場合分けがあることがあるので，視覚的に工夫して書き込む。

^{A}401$_G$	^{G}402$_A$	^{B}403	4̸0̸4̸
^{K}301	3̸0̸2̸	^{E}303	304
^{I}201	^{L}202	^{F}203	^{J}204
^{D}101$_H$	^{C}102	^{H}103$_D$	1̸0̸4̸

Step❺ 完成した図から，選択肢をチェックする

1✕ Bの隣にはGが住んでいる可能性があり確実とはいえない。

2◎ 正しい。Eの隣の304は空き部屋である。

3✕ Fのすぐ下にはDが住んでいる可能性があり確実とはいえない。

4✕ Hは103に住んでいる可能性があり確実とはいえない。

5✕ Jは2階，Kは3階に住んでいる。

☞確認しよう ➡各条件を視覚化する→図に当てはめる→選択肢のチェック **正答** 2

第5章

第 **5** 章

平面図形

図形の切断と構成

重要度

重要問題

　図のように，正五角形に対角線を引き，その内側にできる正五角形にも対角線を引く。このとき，正五角形の辺や対角線（またはその一部）を用いて作られる三角形のうち，図の灰色に塗られた部分の図形と相似となるのは，その図形も含めて何個あるか。

【国家一般職／税務／社会人・平成29年度】

1　30個
2　40個
3　50個
4　60個
5　70個

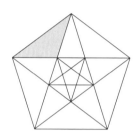

解説

相似な三角形が何種類あるかを正確にとらえよう。

Step 1　灰色の図形と相似な三角形は何種類あるかを検討する。

　相似な三角形とは対応する角の大きさが等しい三角形である。よって，対応する角の大きさと辺の長さが等しい合同な三角形も相似な三角形に含まれる。

　説明のために，各点をA〜Jとする。

　∠DABの大きさを●で表すと，∠ADEは●が2つ分の大きさになり，∠DAEは●になる

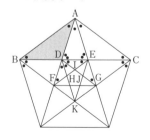

（参考）。また，内側の正五角形DFKGEは，もとの外側の正五角形を縮小したものであるので，角の大きさは外側の正五角形と等しくなる。

　角の大きさについての三角形の相似条件は，「2組の角がそれぞれ等しい」ことなので，△DABと相似な三角形は●の角を2つもつ二等辺三角形である。

　よって，これを探していくと，ⅰ（△ABCと同じ大きさのもの），ⅱ（△DABと同じ大きさのもの），ⅲ（△FKDと同じ大きさのもの），ⅳ（△IDEと同じ大きさのもの）の4種類あることがわかる。

Step❷　それぞれの個数を求めていく。

　ⅰ（△ABCと同じ大きさのもの）

　△ABCのように，外側の正五角形に辺を持つものが5個，△KBCのように内側に5個ある。

　ⅱ（△DABと同じ大きさのもの）

　△DABのように，外側の正五角形に辺を持つものが5個，△DAGや△BDKのように内側に10個ある。

　ⅲ（△FKDと同じ大きさのもの）

　△FKDのように，内側の正五角形に辺を持つものが5個，△JDKのように内側に5個ある。

　ⅳ（△IDEと同じ大きさのもの）

　△IDEのように，内側の正五角形に辺をもつものが5個ある。

　以上のように全部で40個あることがわかる。

☞確認しよう ➡相似な三角形の種類の把握→個数の数え上げ　　　　　正答 2

（参考）　内角と外角の関係

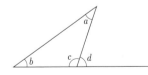

$\angle c = 180° - (\angle a + \angle b)$ より，

$\angle d = 180° - \angle c$

$= 180° - (180° - (\angle a + \angle b))$

$= \angle a + \angle b$

FOCUS

　図形の個数を数える問題ではモレやダブリを防ぐために，教えるルールをはじめに決め（本問では，相似な三角形が何種類あるかを先に検討し），それぞれを丁寧に数えていくようにする。

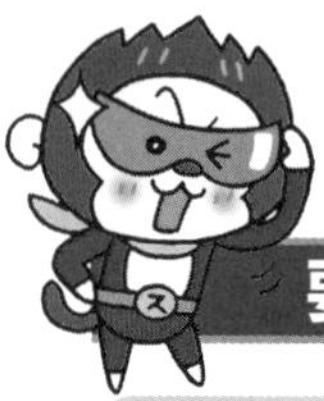

要点のまとめ

重要ポイント❶ 図形の敷き詰め

敷き詰めるものと，敷き詰められるものの個数の関係を利用して解く。

敷き詰めの問題でよく出題されるのは，右図のような市松模様といわれるものである。

これは，正方形を交互に2色に塗り分けたものである。

〈例〉一辺4×4の正方形の市松模様を一辺1×2の長方形で敷き詰められるか？　ただし，4×4の正方形の2か所は右図のようにカットされている。

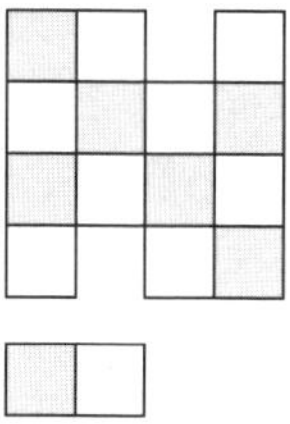

↓

1×2の長方形→2色の色に分ける→白1，黒1

4×4の正方形→2色の色に分ける→白8，黒6

↓

白と黒は同数でなければならないから不可能。

重要ポイント❷ 図形の構成

いくつかの図形を組み合わせてある図形を作るときは，大きいもの，形に特徴があるものから使う。

合同ないくつかの図形をつなぎ合わせて，1つの図形を作り上げるものと，合同でないいくつかの図形を決められた形につなぎ合わせるものとの2種類がある。ほとんどの出題は後者である。

〈前者の例〉

一辺1の正三角形を8個使って一辺2のひし形を作る。

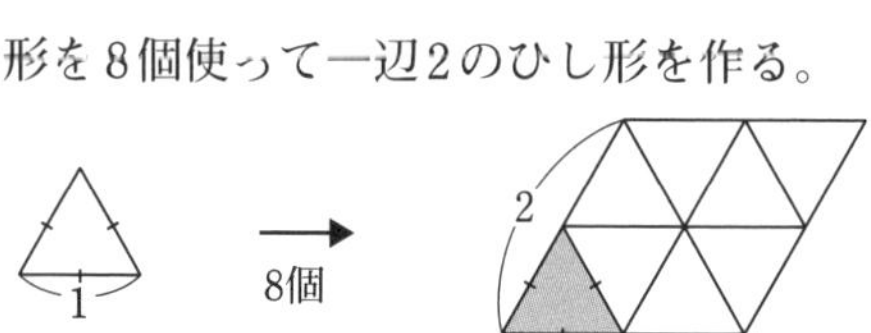

各辺が1，1，1，2の等脚台形（次図）を何個か使って元と相似の等脚台形を作る。

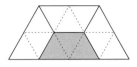

4個

→正三角形に分解すると基本的にひし形の例と同じ。

〈後者の例〉

(1) (2) (3) (4) (5) (6)

のうちの5枚で 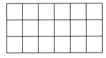 を作る。

→作る図形の面積　3×6 = 18

(1)の面積　4　(2)の面積　4　(3)の面積　2

(4)の面積　4　(5)の面積　4　(6)の面積　4

　→2色に分ける。→市松模様→ (6)のみ白1個と黒3個。

　→使用できない。→ (1)～(5) で作れる。

重要ポイント **3** **図形の切断**

図形を切断してから移動して別の形の図形を作るときには，面積の計算を中心に考える。

〈例〉

→直線で3つに切断して正方形を作る。

一辺1の正方形8個→面積8

→新しい正方形の一辺 $\sqrt{8} = 2\sqrt{2}$

→もとの正方形の対角線 $\sqrt{2}$ の2倍が一辺。

実戦問題

1 1辺の長さが4cmの正方形を，5種類6枚の型紙に分割した。6枚の型紙のうち，4種類5枚は下の5種類の型紙のうちのどれかである。このときの型紙として**ありえない**ものはどれか。ただし，正方形を分割する線のうち一部は次の図の太線のとおりである。

【特別区・平成24年度】

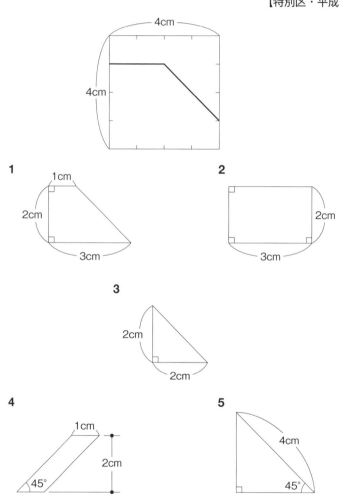

2 次の図のように6個の正方形を組み合わせた型紙がある。この型紙を透き間なく，かつ，重ねることなく並べて正方形を作るとき，必要な型紙の最少枚数はどれか。ただし，型紙は裏返しても回転させてもよいものとする。

【特別区・平成25年度】

1 6枚
2 12枚
3 24枚
4 48枚
5 54枚

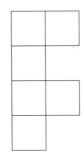

3 図Ⅰのような正方形を2つ並べた図形2つを，少なくとも正方形の一辺と一辺が接するように組み合わせると，図Ⅱのような4通りの図形ができる（回転や裏返しをして同じになるものを除く）。同じように，図Ⅲのような正方形を3つ並べた図形2つを組み合わせると何通りの図形ができるか。

【国家Ⅲ種・平成20年度】

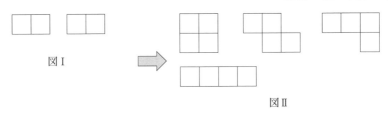

図Ⅰ

図Ⅱ

図Ⅲ

?

1 5通り
2 6通り
3 7通り
4 8通り
5 9通り

第5章

平面図形

4 次のA～Fの6個の図形から4個を選んで下図のマークを作るとき，<u>必要でない</u>図形の組合せとして，妥当なのはどれか。ただし，いずれの図形も重なり合うことなく，裏返さないものとする。　　　　【東京都・平成24年度】

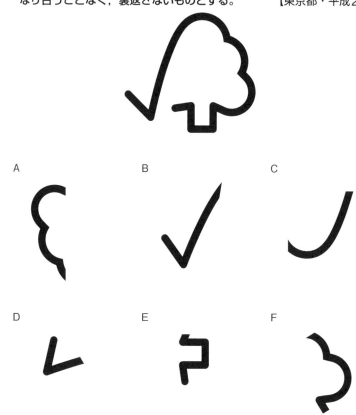

A　　　　　　　　B　　　　　　　　C

D　　　　　　　　E　　　　　　　　F

1　A，B
2　A，D
3　B，F
4　C，E
5　D，F

実戦問題●解説

(1) 多くの枚数が使いにくくなる面積の大きいものから順に試していく。

Step ❶ 最も面積の大きい**2**を含むとして並べてみる

与えられた5種類の中で，4種類5枚（1つは同じものを2枚使う）を使わなければならないので，面積の大きいものを入れると他のものが並べにくくなる。よって，面積の大きい**2**から並べてみる。

1本の分割線があらかじめ決められているので，**2**の位置は図Ⅰのようになり，他のものを並べると図Ⅱのようになる。よって，同じものを2枚使う余地がなく，**2**を含むことができないことがわかる。

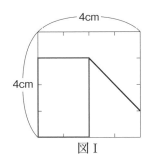

図Ⅰ

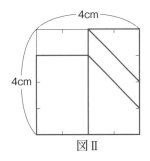

図Ⅱ

Step ❷ **2**を含まないものとして並べてみる

念のために，**2**を含まずに並べてみると，次のようになる。**4**を2枚使うことになる。

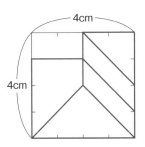

（別解）本問は面積だけでも検討できる。それぞれの面積は以下である。また，元の正方形の面積は$16\,\text{cm}^2$ある。

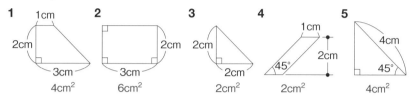

1　$4\,\text{cm}^2$
2　$6\,\text{cm}^2$
3　$2\,\text{cm}^2$
4　$2\,\text{cm}^2$
5　$4\,\text{cm}^2$

　ここで，**2**の$6\,\text{cm}^2$を含む，4種類5枚を考えると，少なくとも$6+2\times2+2+4=16\,[\text{cm}^2]$となり，これだけで$16\,\text{cm}^2$に達してしまい，残りの1枚を入れる余地がない。よって，**2**の$6\,\text{cm}^2$を含むことはありえないのである。

☞**確認しよう** ➡条件の厳しいものから並べていく　　　**正答** **2**

② 正方形となる必要条件をまず検討し，その中で最少枚数のものを検討していく。

Step❶　正方形となる必要条件を検討する

6個（型紙1枚）の小さな正方形を組み合わせるので，出来上がった図形は6の倍数個の小さな正方形で成り立っている。

また，大きな正方形を作るのに必要な小さな正方形の個数は平方数（整数を2乗した数）である。つまり，1，4，9，16，25，36，49，64，81，100，121…である。

よって，小さな正方形の個数の候補は，

①36個（6×6，型紙6枚）

②144個（12×12，型紙24枚）

③324個（18×18，型紙54枚）…

となる。

Step❷　列挙した候補で大きな正方形が作れるかを検討する

まず型紙を2枚組み合わせると，右図のような4×3の長方形が作れる。これを12組並べると，②144個（12×12，型紙24枚）の正方形ができる。

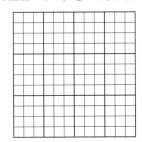

Step❸　❷よりも枚数が少ない❶で正方形ができないかの検討

1辺が6個の場合には，右図のように正方形の外枠はできても，内部を埋めることができない。よって，②144個（12×12，型紙24枚）が最少枚数になる。

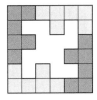

☞確認しよう ➡正方形となる条件の検討→正方形ができるかどうかの確認

正答 3

③ まず，簡単に並べられる図形を考え，そこから新たに作れる図形をさがしていく。

Step❶ 簡単に作れる図形を挙げてみる

まず，辺どうしを単純にくっつけるだけの図形は，次のものが作れる。

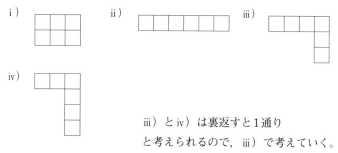

ⅲ）とⅳ）は裏返すと1通り

と考えられるので，ⅲ）で考えていく。

Step❷ 正方形を並べた図形をずらしていく

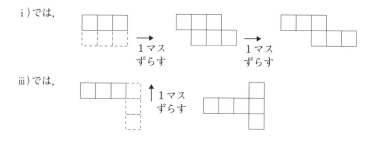

Step❸ 全パターンを計算する

ⅰ）で3通り，ⅱ）で1通り，ⅲ）で2通り

→3+1+2=6［通り］

☞確認しよう ➡簡単な図形を考える→図形をずらす・パターンを数える

正答 2

172

④ 模様に注目して，特徴のあるパーツからくっつけていく。

Step ❶　完成図と各パーツに注目して，特徴の強いパーツを探す

Eのパーツであることがすぐにわかるので，Eのパーツを基準にしてくっつけていく。

Step ❷　完成図と各パーツに注目しながら，順にくっつけていく

全体の形だけでなく，線の端の角度などにも注目して検討していく。必要でないものはBとFとわかる。

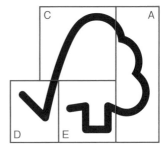

（☞確認しよう）➡特徴のあるパーツに注目→くっつける　　正答 **3**

折り紙と模様

重要問題

　次の図のような，同じ大きさの正方形のパネルＡ，Ｂがあり，それぞれのパネルには同じ大きさの正方形の穴が開いている。今，2枚のパネルをずれることなく重ね合わせ，パネルＢを90°ずつ回転させるとき，一致する穴の最も多い数はどれか。ただし，パネルは裏返して重ね合わせることはできないものとする。　　　　　【特別区・令和2年度】

A

B

1	4
2	5
3	6
4	7
5	8

解説

回転させるＢの穴に要領良く情報を書き込んでいこう。

Step 1 穴が重なる仕組みを正確に把握し，情報整理の仕方を検討する。

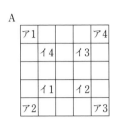
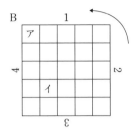

　各パネルには25か所，穴を開ける位置がある。例えば，Bのアの位置に穴が開いているが，Bを「1→2→3→4」が上になるように回転していくと，この穴はAの「ア1→ア2→ア3→ア4」に重なる。Aには，ア1とア2に穴が開いているので，Bのアの位置に「1，2」と記入すれば情報をまとめることができる。

　Bのイの位置の穴はAの「イ1→イ2→イ3→イ4」に重なる。Aには，イ3に穴が開いているので，Bのイの位置に「3」と記入しておく。

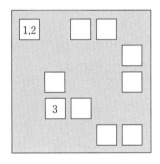

Step❷　Bのすべての穴に，数値を記入していく。

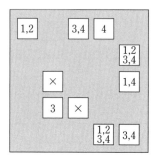

Step❸　各数値の個数を数える

　Bの1～4を上にしてAに重ねたときの各数値の個数を数えていく。1が上のとき4個，2が上のとき3個，3が上のとき5個，4が上のとき6個である。

　以上より，一致する穴の最も多い数は4が上にくるときの6である。

 ➡仕組み・整理方法の検討→数え上げ

正答 3

FOCUS

　本問のような模様の問題はその場で解法を検討する度合いが大きいが，折り紙の問題は解法にパターンがある。折り紙は，折った線に関して対称になる。これに注意して1つずつ元の状態に開きながら，元に戻していく。このとき，記入された線や切り取られた図形も順に追加，記入していく。

要点の まとめ

重要ポイント ① 折り紙の問題の流れ

「折る」「切り取る」「色を塗る」などの手順を，問題文からしっかりと読み取ること。

折り紙の問題は，

正方形，長方形など→何回も折る。

→その一部を切り取る，あるいは色を塗る。

→広げて元に戻す。

→どんな模様になるかを求める。

という流れになっていることが多い。

重要ポイント ② 広げたときの関係をつかむ

模様や切り取り線などは，広げたとき，折り目の線について線対称の位置にくる。

〈例〉

重要ポイント ③ 元に戻す手順は正しく

実際に紙に描いてみよう。

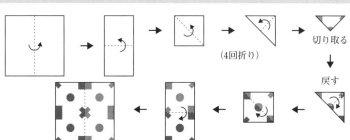

第5章

平面図形

177

重要ポイント ❹ 面積の変化

折り紙は折っていくとだんだん小さくなる。面積の関係をつかんでおくことが戻すときに役立つ。

次の図で見てみよう。

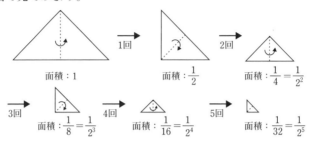

面積：1　　1回　　面積：$\dfrac{1}{2}$　　2回　　面積：$\dfrac{1}{4}=\dfrac{1}{2^2}$

3回　　面積：$\dfrac{1}{8}=\dfrac{1}{2^3}$　　4回　　面積：$\dfrac{1}{16}=\dfrac{1}{2^4}$　　5回　　面積：$\dfrac{1}{32}=\dfrac{1}{2^5}$

次々と相似形ができる。

面積はn回折ったときに$\dfrac{1}{2^n}$となる。

 重要ポイント ❺ 不規則な折り方の折り紙

不規則に折ったときでも，折り目の線について線対称であることは変わらない。

次の図で見てみよう。

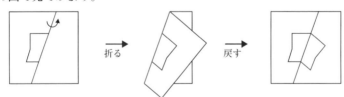

折る　　　戻す

実戦問題

1　正方形の折り紙を図アのように2回折る。ここで図イのように黒く示した部分を切り取り，その部分を広げた形として，最も妥当なのはどれか。

【警視庁・平成25年度】

図ア　　　　　　　　　　　　　　　　　　　　図イ

1　　　　　　　　**2**　　　　　　　　**3**

4　　　　　　　　**5**

2　下図のように，「K」と書かれた透明な正三角形のアクリル板を机の上に置き，正三角形の一辺を軸として滑ることなく①から⑭まで順に裏返し，斜線部の位置に到達したときのアクリル板を上から見た図として，妥当なのはどれか。

【東京都・平成24年度】

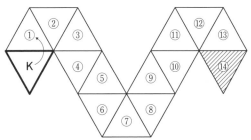

1 　　**2** 　　**3** 　　**4** 　　**5**

❸ 正方形の紙を対角線に沿って2つ折りにし，さらに2回折りたたんで小さな直角三角形を作った。今，この直角三角形のある辺に一度だけはさみを入れて半円形を切り取り，次にこれを元のように広げた。このときできる形として最も妥当なのは次のうちではどれか。
ただし，図中の点線は折り目を表すものとする。

【国家Ⅲ種・平成23年度】

1   2   3   4   5

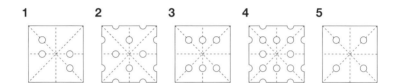

4 図Ⅰのように，表裏にそれぞれ同じ大きさの36個の正方形のマスを描き，表の各マスには1〜36の数字を一つずつ記入した正方形の紙を，図Ⅱのように点線を谷にして矢印の方向に4回折り畳んでグレーの部分を切り取ったとき，切り取った紙片に記された数字の和として正しいのはどれか。

【東京都・平成19年度】

7	18	10	32	1	26
24	3	6	28	30	20
17	35	14	12	5	25
33	15	36	22	21	4
11	8	9	31	29	34
16	27	23	2	13	19

表 　　　　　　　　　　　　　　　　裏

図Ⅰ

7	18	10	32	1	26
24	3	6	28	30	20
17	35	14	12	5	25
33	15	36	22	21	4
11	8	9	31	29	34
16	27	23	2	13	19

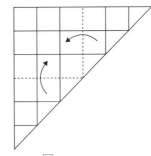

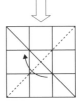

1 146
2 148
3 150
4 152
5 154

図Ⅱ

実戦問題●**解説**

① 切り取った図形は広げると，折り目の線について線対称の位置にくる。この ことを利用して，丁寧に広げていく。

Step 切り取られた図イを広げていく

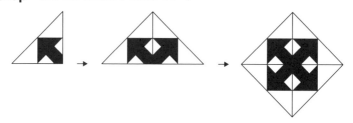

切り取られた部分の図形が，折り目で線対称になるように広げていく。

☞**確認しよう** ➡線対称に広げていく→選択肢のチェック　　　**正答** 1

② 裏返しながら「K」の文字を記入していく。そのときに，折り目に関して対 称になることに注意する。

Step 1 ①～③へ裏返していく

辺と平行になっている部分にマークを入れておけ ば，判断しやすい。

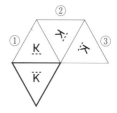

Step 2 ③～⑩へ裏返していく

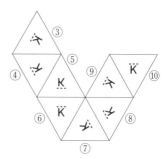

Step3　⑩～⑭へ裏返していく

⑩は①と同じであるので，⑩～⑭は①～④と同じになり，⑭は④と同じになる。

☞確認しよう ➡線対称に裏返す→選択肢をチェック

正答 5

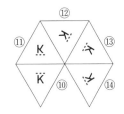

3　切り取った図形は広げると，折り目の線について線対称の位置にくる。このことを利用して，丁寧に広げていく。

Step1　正方形の紙を，問題の条件に従い対角線に沿って折りたたんでいく

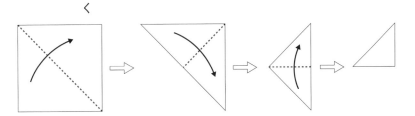

Step❷　半円形を切り取って，広げていく

　折りたたんだ直角三角形は3辺あるので，半円の切り取り方も3通りある。よって，3つに場合分けして切り取り，**Step❶**を逆にたどって広げていく。

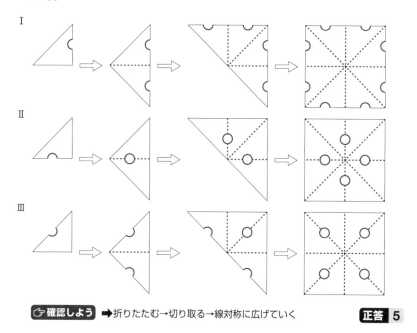

📖**確認しよう** ➡折りたたむ→切り取る→線対称に広げていく　　**正答** 5

184

④ 折った順番と逆の順で紙を戻していく。図Ⅱでの2回目の折り方に注意。

Step ❶ 折った順と逆に戻していく

　切り取った紙片は，折り目に対して線対称に移るので，紙片を広げて描き込む。

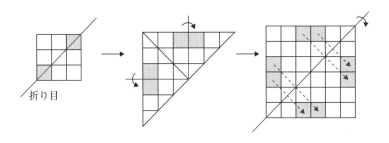

折り目

Step ❷ 書かれている数字の和を求める

7	18	10	32	1	26
24	3	6	28	30	20
17	35	14	12	5	25
33	15	36	22	21	4
11	8	9	31	29	34
16	27	23	2	13	19

$10+32+17+25+33+4+23+2=146$

👉確認しよう ➡元に戻す→和を求める

正答 **1**

点の移動と軌跡

重要問題

次の図は，台形が直線上を滑ることなく１回転したとき，その台形上の点Ｐが描く軌跡であるが，この軌跡を描くものはどれか。

【特別区・令和２年度】

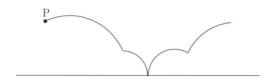

1

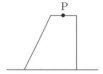

2

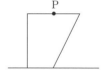

3

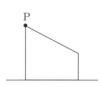

4

5

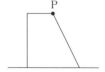

解説

回転の軌跡を考える場合のポイントは，①回転の中心，②回転の半径，③回転の角度の3点。これを順に押さえながら，作図していく。

Step 1　問題図で点Pが描く軌跡を分析する。

問題図の回転によるPの経路をA→B，B→C，C→D，D→Eに分ける。

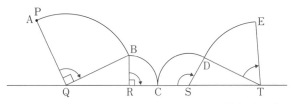

それぞれの弧がどの点を中心にして，どの半径で，約何度回転しているかをおさえていく。

A→B：①回転の中心：Q，　②回転の半径：AQ，　③回転角：90°

B→C：①回転の中心：R，　②回転の半径：BR，　③回転角：90°

C→D：①回転の中心：S，　②回転の半径：CS，　③回転角：約120°

D→E：①回転の中心：T，　②回転の半径：DT，　③回転角：約60°

Step 2　各選択肢の図のA→Bの回転を検討する。

A→B：①回転の中心：Q，　②回転の半径：AQ，　③回転角：90°なので，1回目の回転の回転角が90°にならないものは除く。これで2と5は除くことができる。また，3は回転角が90°であるが，明らかに弧ABが問題図のものと異なるので，これも除く。

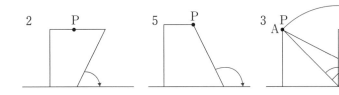

Step 3　残りの選択肢の図のB→C，C→Dの回転を検討する。

B→C：①回転の中心：R，　②回転の半径：BR，　③回転角：90°について，残る1と4は，ともにB→Cの回転角が90°なので，次の回転まで検

第5章

平面図形

討する。

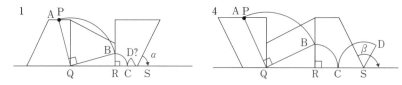

C→D：①回転の中心：S，　②回転の半径：CS，　③回転角：約120°
について，1は，C→Dの回転角がαの部分で決まりこれは明らかに120°よ
りも小さい。一方，4は，C→Dの回転角がβの部分で決まり，これは約
120°である。

以上より，問題図と一致するものは4とわかる。

 ➡回転の中心，回転の半径，回転角を押さえる→作図

正答 4

FOCUS

　点の軌跡には，平行移動，回転移動，対称移動の3つがある。回転移動で
は，回転の中心，回転の半径，回転角を押さえることがポイントになる。対
称移動では，対称軸が元の点と移動先の点を結ぶ線分の垂直二等分線となっ
ている。

要点の まとめ

重要ポイント❶　軌跡は直線上を動くときと円周上を動くときがある

 図形がある線に沿って，滑ることなく移動するとき，その図形上の1点がどう動くかが問われる。

図形がある線に沿って動く ┬→直線上を転がる
　　　　　　　　　　　　　└→円周上を転がる

の2つに分類される。

重要ポイント❷　回転移動では，回転の中心と回転角に注意

多角形上の点の軌跡は，回転の中心からの距離を半径とする円弧になる。

〈例〉

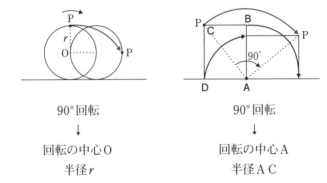

90°回転　　　　　　　　　　　　90°回転
↓　　　　　　　　　　　　　　　↓
回転の中心O　　　　　　　　　　回転の中心A
半径r　　　　　　　　　　　　半径AC

重要ポイント❸　繰り返しの場合は1つを調べる

 図形が対称で，繰り返し同じ軌跡が現れるときは，1つの場合を調べて，規則性を探す。

正方形の辺に沿って，内や外を図形が移動するとき
　→一辺で起こる状態を調べる。→以下，繰り返し。
円周の内や外を円が移動するとき
　→元の円と移動する円の半径で繰り返し数が決まる。
　→移動する円1回転を調べる。
　→以下，繰り返し。

〈例〉

 いろいろな軌跡を知っておく

重要ポイント **④**

円周上の点の軌跡は図示することが難しいので，代表的な例を頭に入れておきたい。

次の軌跡は，出題の中でよく見られる。

■直線上を円が滑ることなく移動（転がる）

→ 円周上の1点の軌跡

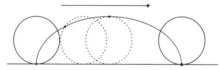

← サイクロイド曲線

■円周内を円が滑ることなく移動（転がる）

→ 小円の周上の1点の軌跡

半径の比　4：1　　　　　　　3：1　　　　　　　2：1

■階段上を円が滑ることなく移動する（転がる）

→ 中心の軌跡

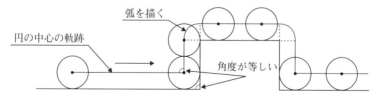

弧を描く

円の中心の軌跡

角度が等しい

実戦問題

1 図のように，正方形の内部に正三角形があり，正方形と正三角形の1辺の長さの比は8：3で，正三角形の重心が図に示す位置にある。現在の正三角形の重心の位置が，正三角形の外部に出ないようにして，正三角形が自由に動くとき，正三角形の動き得る範囲を示した図として，正しいのはどれか。

【地方初級・平成25年度】

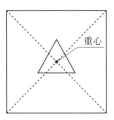

重心

1

2

3

4

5

2 次の図のように，大円の半径を直径とする小円があり，大円の中心と接する点をA，大円と内接する点をBとする。今，小円が大円の内側を円周に沿って滑ることなく矢印の方向に回転したとき，元の位置に戻るまでに点A，点Bが描く軌跡はどれか。　　　【特別区・平成25年度】

1

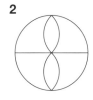
2

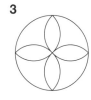
3

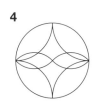
4

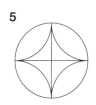
5

平面図形

3 図Ⅰのように，直線上を滑らないように模様の描かれた円Oを転がしたところ，点Aから点Bまでで1回転した。直線のうちの線分ABについて，AとBを結んで円を作り，図Ⅱのようにこの円の外周に沿って図Ⅰの円Oを滑らないように回転させたとき，点C（A，Bの反対側）における円Oの模様の向きとして正しいものはどれか。　【警察官・平成21年度】

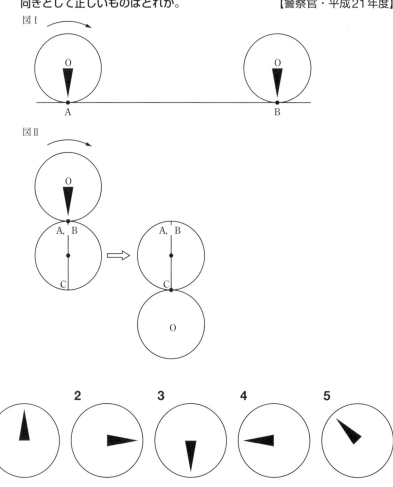

4　図の正三角形が直線 *l* 上を滑らずに1回転するとき，正三角形の内部にある
点Pが描く軌跡として，正しいのはどれか。

【警察官・平成23年度】

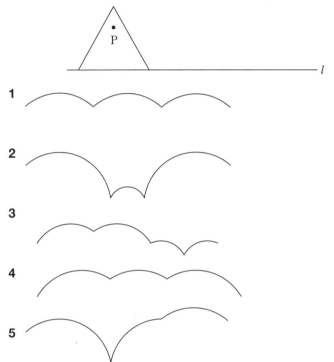

5 図のような，1辺の長さが3cmの正三角形がある。この正三角形を，P1辺の長さが6cmの正六角形の辺に沿って，滑ることなく回転させた。このとき，正三角形の頂点Pが描く軌跡（太線）として最も妥当なのは，次のうちではどれか。 　　　　【国家一般職／税務／社会人・令和2年度】

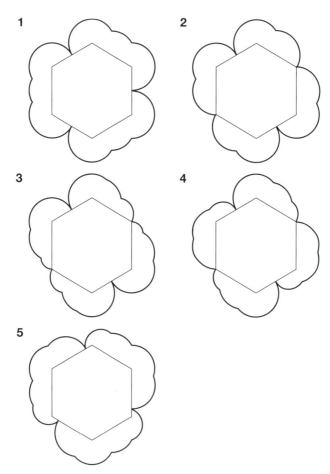

1　　　　　　　　　　2

3　　　　　　　　　　4

5

実戦戦問題**解説**

1 正方形の重心を回転の中心にしたときに，中心から最も離れた部分がどのような軌跡を描くかを調べる。

Step 1 正方形の重心と正三角形の頂点を一致させる

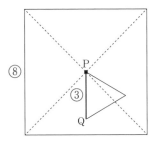

　　　正方形の重心Pが回転の中心になり，回転の半径は正三角形の1辺の長さ PQになる。

Step 2 Pを中心として，PQを回転移動させる

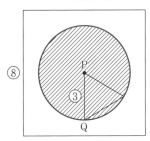

☞確認しよう ➡回転の中心，回転の半径を押さえる→作図　　　　正答 **4**

2 物体が滑らずに移動するとき，物体間の接する長さは同じである。小円を少しずつ回転させて点Aと点Bがどのように移動するかを検討する。

Step 1 小円の$\frac{1}{4}$までが接するように回転させる

　大円と小円の直径は2：1なので，円周の長さも2：1である。つまり，小円の$\frac{1}{4}$と，大円

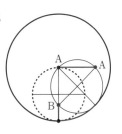

$\dfrac{1}{8}$が接する。

小円の移動の様子をわかりやすくするために，十字に補助線を入れておく。

Step ❷ 小円の$\dfrac{1}{2}$までが接するように回転させる

小円の$\dfrac{1}{2}$と，大円の$\dfrac{1}{4}$が接するので，その後の点A，点Bの動きは図のようになる。

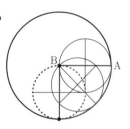

Step ❸ Step ❶とStep ❷を繰り返す

小円の$\dfrac{1}{2}$までが接するように回転させると線分が2つ描けた。そして，中心の位置がAからBに入れ替わり，円周の位置がBからAに入れ替わった。つまり，この後，小円を回転させると**Step ❶**と**Step ❷**を繰り返すことになる。

よって，点Aと点Bの軌跡は図のようになる。

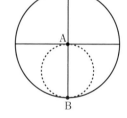

☞確認しよう ➡ 小円を少しずつ回転→点と点をつなぎ軌跡を調べる　　正答 1

---

③ 物体が滑らずに移動するとき，物体間の接する長さは同じ。円Oが点Cまで移動する間に，どこが接していたかを考える。

Step ❶ 円の半径をrとして弧ACの長さを求める

円OとABを結んで作った円（以下，円ABとする）円周の長さが同じであるので，半径も等しい。よって，2つの円の半径をrとすると，弧ACの長さは，$2r \times \pi$

$\times \dfrac{1}{2} = \pi r$となる。

196

Step 2 　円Oに, πr の長さを描き込む

　物体が滑らずに移動するとき, 物体間の接する長さは同じである。よって, 円Oが点Cまで移動する間に, 円Oは円ABと πr の長さで接していたことになる。円Oの円周の長さは $2\pi r$ であるから, ちょうど半周分接していたことになる。よって, 移動終了時には, 点Dで接していたことになる。

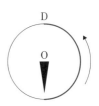

Step 3 　円Oと真ん中の円をくっつける

　用意しておいた2つの円は移動終了時に点Cと点Dでくっついた状態にある。よって, 最終的には図のようになる (コインを2枚用意して試してみるとよい)。

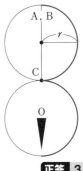

☞確認しよう ➡物体間の接する部分を検討する　　　　　正答 3

④ 回転の軌跡を考える場合のポイントは, ①回転の中心, ②回転の半径, ③回転の角度の3点。これらを押さえて, 作図していく。

Step 1 　Aを回転の中心としてPの動きを作図する

①回転の中心：A
②回転の半径：AP
③回転角：120° (正三角形の外角)

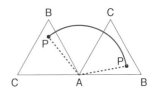

Step 2 　Bを回転の中心として作図する

①回転の中心：B
②回転の半径：BP
③回転角：120°

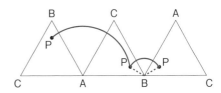

平面図形

第5章

Step 3 Cを回転の中心として作図する

①回転の中心：C
②回転の半径：CP
③回転角：120°

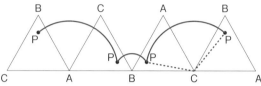

Step 4 選択肢をチェックする

選択肢をチェックすると，**2**とわかる。

これは，三角形の場合，頂点は3個なので，1回転する間に軌跡となる弧は3つになること，回転の半径は1番目のAP，3番目のCPに比べて2番目のBPが短いことからも判断できる。

👉確認しよう ➡回転の中心，回転の半径，回転角を押さえる→作図　　正答 **2**

---

⑤ 回転の軌跡を考える場合のポイントは，①回転の中心，②回転の半径，③回転の角度の3点。これをおさえながら，各選択肢について矛盾が生じていないかをチェックしていく。

Step 1 1回目の回転について，Aを回転の中心として各選択肢のPの動き検討する。

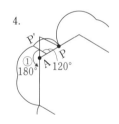

左上の軌跡と正六角形が変わる部分が，左回りに検討する。1回目の回転について，1〜4は180°回転するので，PがP′に移るとすると，弧PP′も180°になるはずである。1〜3は弧PP′の回転が180°になっているが，4は弧PP′の回転が約120°にしかなっておらず，矛盾が生じており，ここで4を除く。また，5は120°回転するが，弧PP′も120°になっている。

Step❷ 2回目の回転について，Bを回転の中心として残る選択肢のPの
動き検討する。

2回目の回転について，1
は120°回転するので，P′が
P″に移るとすると，弧P′P″
も120°になるはずであるが，
弧P′P″の回転が60°にしか
なっておらず，矛盾が生じて
おり，ここで1を除く。

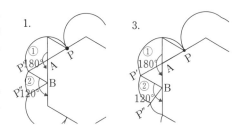

3は120°回転するので，弧P′P″の回転も120°になるはずであるが，弧P′

P″の回転が約
90°にしかなっ
ておらず，矛盾
が生じており，
ここで3を除く。

5は60°回転
するので，弧
P′P″の回転も
60°になるはず

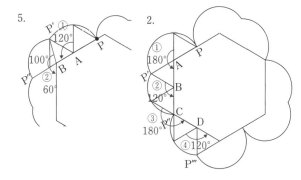

であるが，弧P′P″の回転が約100°になっており，矛盾が生じているので，こ
こで5を除く。

2は120°回転して，弧P′P″の回転も120°になっている。

念のために，続きを見ていくと，2は3回目の回転でCを中心に180°回転
するが，P″は回転の中心のCにいるので，この回転では動かない。さらに，
2は4回目の回転でDを中心に120°回転して，弧P″P‴の回転も120°に
なっており，図は適している。

☞確認しよう ➡回転の中心，回転の半径，回転角を押さえる→作図　　**正答** **2**

図形のつながり

重要問題

　下の図のA～Eの図形のうち，一筆書きで描くことができるものの組合せとして，正しいのはどれか。ただし，一度描いた線はなぞれないが，複数の線が交わる点は何度通ってもよい。

【東京都・平成28年度】

A 　B 　C 　D 　E

1　A，B，D
2　A，C，E
3　B，C，D
4　B，C，E
5　B，D，E

解説

　　一筆書きの問題は，奇点と偶点を調べるのが解答の第一歩である。

Step 1　各点に何本の線がつながっているかを書き込む

　偶数本とつながっている点（偶点）とは，入ってきた分だけ出ていく点である。始点となれば必ず終点となる。

　奇数本とつながっている点（奇点）とは，入ってきた分だけ出ていくと，線が1本余る。つまり，一筆書きができるためには奇点は必ず始点または終点とならなければならない。

　まとめると，一筆書きができるためには奇点の数が0個または2個であればよい（詳しくは重要ポイント③④参照）。

A

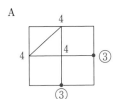

B

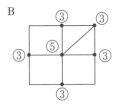

C

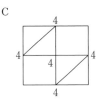

D

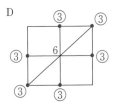

E

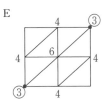

Step❷ 各図形の検討

奇点の数がそれぞれAは2個，Bは6個，Cは0個，Dは6個，Eは2個である。よって，一筆書きができるのは，A，C，Eである。

確認のために，A，C，Eの道順例を書き込んでおく。

A

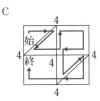

C

E

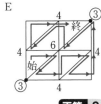

→各点につながる線の数を数える→奇点の数を数える

正答 2

第5章

平面図形

FOCUS

操作によって図形のもつ性質がどのように変化するかを把握することが大切である。長さ，長さの比，角の大きさ，平行，つながり具合などを丁寧に調べていくことが大切である。

要点の まとめ

重要ポイント ① 線のつながり

図形の問題で，点と線（直線や曲線）のつながりだけを問題にすることがある。形の違いに惑わされないように。

右の①，②は，円と正方形であって，図形としてはまったく異なる。ところが，

　　円の周　　正方形の周

は，ただ1つの線（曲線と直線）でつながっている点で「同じ」である。

さらに，③，④も線のつながりの関係は①，②と同じである。

これは，線の長さ，角度は無視して，線と線，点（ここでは頂点）と線のつながりだけを問題にしているからである。これを難しくいうと，"位相"的に同じという。

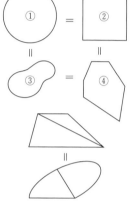

重要ポイント ② 位相的に同じ図形の見つけ方

形や長さは無視して，点と線との関係のみに着目することがポイント。

次の3つの図が図形としてのつながりが同じかどうか調べるには，

(1) 線と線の交わった点に印を付ける。

(2) 点と点の間の線の数を調べる。

(3) 点からいくつの線が出ているかを調べる。

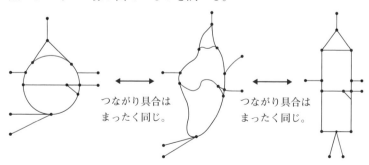

つながり具合は
まったく同じ。

つながり具合は
まったく同じ。

重要ポイント **3** **一筆書き**

一筆書きの性質を理解するために，「偶点」「奇点」の意味と数え方をしっかりと覚えておこう。

　一筆書きとは，図形を作っている線を1回ずつたどりながら，すべての線を通ることができる，あるいは書くことができるということである。

　一筆書きでは，出発点を「始点」，終着点を「終点」と呼ぶ。

■偶点と奇点

　一点から出る線の数 ┬→ 偶数本 → 偶点
　　　　　　　　　　　└→ 奇数本 → 奇点

〈例〉

偶点B,D→2本の線
奇点A,C→3本の線

偶点→1個
奇点→4個

 重要ポイント **4** **一筆書きが可能な図形**

一筆書きができるかどうかは，奇点の数で決まる。

偶点の性質 ┬→ 線が入れば必ず出なければならない。
　　　　　　└→ 線の始点となれば，必ず終点となる。

奇点の性質 ──→ 線が入れば必ず出なければならないが，1本だけは出る（始点）か入る（終点）だけとなる。

　一筆書きのできる条件 ┬→ 偶点のみでできている（奇点が0個）。
　　　　　　　　　　　　└→ 奇点が2個のみ。

〈例〉

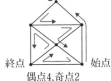

終点　　　　始点
偶点4,奇点2
→可能

偶点10,奇点0
→可能

偶点1,奇点4
→不可能

第5章

平面図形

次の図のように，片面に線が描かれた12枚のタイルが並べられており，その間にア〜ウの3か所の空所がある。点A〜Hのうちの2点間をタイルに描かれた線で結ぶために，ア〜ウの3か所に I のタイル2枚と II のタイル1枚をはめ込むとき，結ぶことが**できない**点の組合せはどれか。ただし，II のタイルの線は2本がつながっていないことを表し，また，タイルは回転させて使うことができるものとする。　　　　　　　　　【特別区・平成24年度】

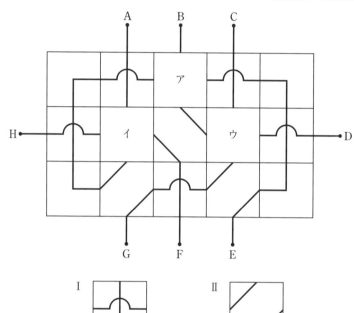

1 A，B
2 A，D
3 B，G
4 D，E
5 E，G

2 ゴムひもを結んで作った下図の形の何か所かの結び目を引っ張ったときにできる形として，妥当なのはどれか。　【地方中級・平成10年度】

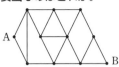

1

2

3
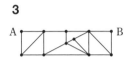

4

5

3 次の立体図形の中で，すべての辺を一筆書きでなぞることができるものはどれか。　【警視庁・平成25年度】

1 三角柱
2 立方体
3 四角錐
4 正四面体
5 正八面体

4 図Ⅰのように，表面のみに線が描かれた，長辺が2cm，短辺が1cmの長方形の厚紙A〜Eが2枚ずつある。これら10枚のうち9枚を使って，縦6cm，横3cmの枠に，図Ⅱのように厚紙の表面が見えるようにはめ込んだところ，厚紙の上に描かれた線は閉じた1本の線となってつながっていた。このとき，使われずに余った厚紙はどれか。

【国家一般職／税務／社会人・令和元年度】

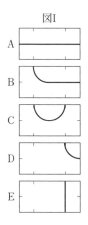

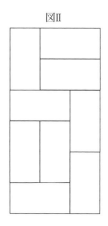

1 A
2 B
3 C
4 D
5 E

実戦問題●解説

(1) まずは，図でどことどこがつながっているかをかき込んでおく。あとは，実際にタイルをはめてやってみる。

Step 1 どことどこがつながっているかを図に書き込んでおく

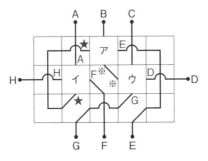

Step 2 1のA→Bを調べる

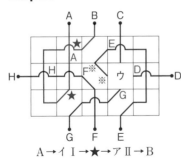

A→イ I →★→ア II →B

Step 3 2のA→Dを調べる

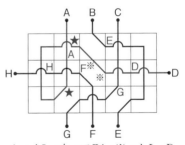

A→イ I →★→ア II ′→※→ウ I →D
（II を90°回転させたものを II ′とする）

Step 4 3のB→Gを調べる

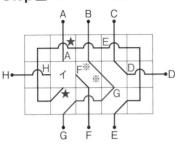

B→ア I →※→ウ II ′→G

Step 5 4のD→Eを調べる

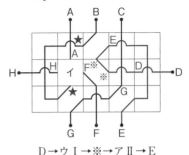

D→ウ I →※→ア II →E

Step 6 5のE→Gを調べる

アとウに II と II ′を入れると結べるが， II のタイルは1枚しか使用できな

いので，EとGは結ぶことができない。

確認しよう ➡ 図を整理する→実際に結んでみる　　正答 5

② 各点から出る線の数を数え，同じ配列になっているものを探す。

Step①　各点から出る線の数を記入する

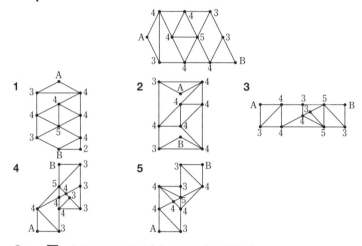

Step②　与えられた図の本数と同じものを探す

　　元の図 → 5本1個，4本5個，3本3個（A，Bは除く）

　　これと同じものを探せばよい。

1 × 2本の点があり，不可。

2 × 4本の点が6個あり，不可。

3 × 5本の点が2個あり，不可。

4 × 3本の点が5個あり，不可。

5 ◎ 元の図と同じで，可。

確認しよう ➡ 1点に集まる線の数→同じ本数のものを探す　　正答 5

3 立体であっても，一筆書きの問題は奇点と偶点を調べる。

Step **1** 各点に何本の線がつながっているかを書き込む

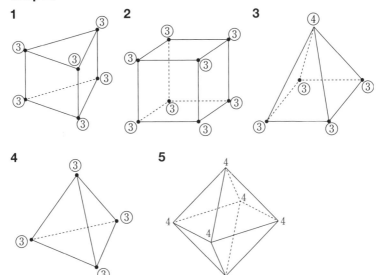

Step **2** 各図形の検討

奇点の数がそれぞれ**1**は6個，**2**は8個，**3**は4個，**4**は4個，**5**は0個である。よって，一筆書きができるのは，**5**の正八面体である。

確認のために，**5**正八面体の道順例を書き込んでおく。

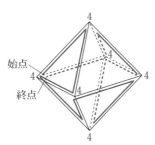

⌨ 確認しよう ➡ 各点につながる線の数を数える→奇点の数を数える ┃**正答 5**┃

4 選択肢の少ない隅のほうから順に決めていく。

Step**1** 上部の3つの枠から埋めていく。

　左上隅の枠に入る可能性があるのは，B・C・Dだが，CやDだと，右上隅がいずれであっても一本の閉じた線をつくることはできない。

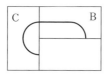
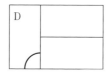

　よって，左上隅はBである。次に，右上隅に入る可能性があるのはB・Dである。しかし，Dを入れると，その下はEになるが，その左下にあてはまるものが無い。よって，右上隅に入るのはBであり，その下はEになる。

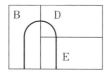
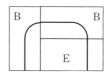

Step**2** 残りの枠をうめていく

　Bはすでに2枚使われているので，BとEの下は，EとA2枚に決まる。

　ここで，Cが2枚，Dが2枚残っているので，閉じた1本の線になるようにつなぐと，Cが1枚，Dが2枚使われ図のようになる。

　以上より，使われずに余ったものはCとわかる。

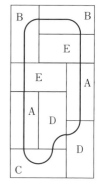

☞確認しよう ➡選択肢の少ない隅から順にうめていく→図の完成　　**正答** **3**

210

第6章

6

空間図形

テーマ 17 立体の組立て

重要問題

　下の図のような150個の同じ大きさの白色と灰色の小立方体で出来た直方体があり，直方体の一方の面から反対の面まで灰色の小立方体が連続して並んでいるとき，灰色の小立方体の個数として，正しいのはどれか。ただし，それぞれの小立方体は，六面とも同一色である。

【東京都・令和2年度】

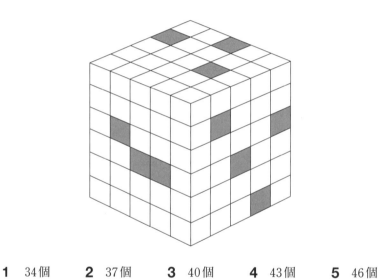

| **1** 34個 | **2** 37個 | **3** 40個 | **4** 43個 | **5** 46個 |

解説

各段を上から一段ずつスライスして平面で表し，それぞれに分けて数えていく。

Step❶　各段を平面で表し，それぞれの立方体が白色か灰色かを記入して
いく。

　各段をスライスして，5×5の表を6つ用意する。

　上から見える3つの灰色の小立方体の下はすべて灰色なので，6つの表す
べてに灰色を意味する○をつけておく。　また，上から2段目は，1行だけ
横に灰色が並ぶので，その1行にも○をつけていく。

　上から1段目と2段目の表を示すとこのようになる。

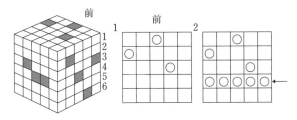

Step❷　3段目から6段目も同様にうめていく

　側面から見える灰色部分は，1行1列まとめて，一気に○をつけていく。

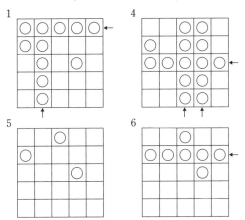

　1〜6段目まですべて合わせると，3＋8＋11＋14＋3＋7＝46（個）とな
る。

 ➡各段をスライスして色を検討する→総数を数える　　**正答 5**

FOCUS

　この種の積み重ねの問題では，見取図では見えない部分がある。そこで，各
段ごとに分けて平面で表し，隠れている部分を書き出していくと考えやすい。

重要ポイント ❶ 積み重ねた立体の個数

見えない部分も忘れずに数えること。各段に分けると考えやすい。

立方体や直方体が積み重ねられているときに，見えない部分も考えに入れてその個数を数える問題である。

このときは，立体を段ごとに切って，1段ごとに個数を数えて合計する。

〈例〉立方体が透き間なく積んである。

→ 何個積んであるか。

→ 各段ごとに分けて数える。

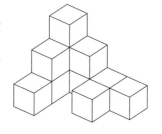

| (第1段) | (第2段) | (第3段) |

1 + 3 + 7 → 合計 11個

重要ポイント ❷ 積み重ねた立体の応用問題

考え方は❶と同じ。見えない部分がどうなっているかを正しく図示することがポイント。

積み重ねた立体の表面に色を塗ったときに何面かのみ塗られているものの個数や，穴を開けて通したときに穴の開いた立体の個数を調べる問題。

〈例〉右図のように積んだ立体の表面（底面は除く）にすべて赤色を塗る。

→ 3面赤色は？

上から1段目 → 0
2段目 → 1 →1個 → ■

→ 4面赤色は？

上から1段目 → 0
2段目 → 2 →2個 → ■

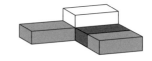

重要ポイント ③ **正多面体**

正多面体の性質は重要。種類は少ないので，基本点な性質を覚え
ておこう。

正多面体は，次の5種類しかない。

正四面体   正六面体   正八面体   正十二面体   正二十面体

このうち，問題で使われるのは正四面体，正六面体（立方体），正八面体
までがほとんどで，特に前の2つはよく取り上げられている。

名称	面の形	面の数	頂点の数	辺の数
正四面体	正三角形	4	4	6
正六面体	正方形	6	8	12
正八面体	正三角形	8	6	12

→ （面の数）＋（頂点の数）＝（辺の数）＋2   〈オイラーの定理〉

重要ポイント ④ **立方体の性質**

 正多面体の中でも，最も出題頻度が高い。対称性を理解しよう。

立方体については，「展開図」の項目でもよく扱われてい
るが，見取図では対称性が大切である。
■面対称 → 右図の例のように，いくつもの面で面対称。
■点対称 → 右図の点Pについて点対称。

実践問題

1 図1のように，小立方体6個を組み合わせて作った立体が2組ある。この2組の立体を図2のようにして貼り合わせた。このとき，この図2において，他の小立方体と3面または4面で接している小立方体の個数として，正しいのはどれか。 　　　　　　　　　　　　　　　　　　　　【地方初級・平成25年度】

図1

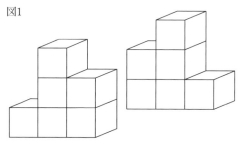

図2

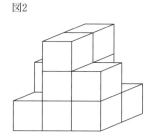

1 4個
2 5個
3 6個
4 7個
5 8個

2 下のA～Eは，いずれも小さな立方体6個からなる立体である。この5つの中から3つを選んで組み合わせると直方体を作ることができるが，その組合せとして妥当なものはどれか。 　　　　　　　　　【警察官・平成20年度】

1 A，B，C
2 A，B，D
3 A，C，E
4 B，C，D
5 B，C，E

A
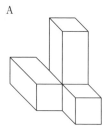

B
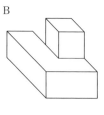

C
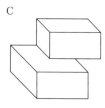

D
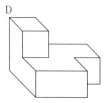

E
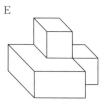

3 正八面体と正十二面体について，各頂点に集まる面の数をすべて合計したものの組合せはどれか。　【特別区・平成25年度】

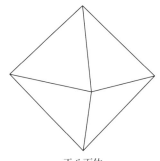

正八面体

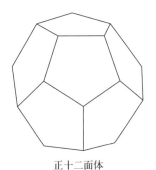

正十二面体

	正八面体	正十二面体
1	16	30
2	24	30
3	24	60
4	32	30
5	32	60

4 次の図のように，白と黒の同じ大きさの立方体を透き間なく35個積み重ねたとき，3面だけが白と接している黒の立方体の数はどれか。ただし，見えない部分の立方体は，白の下に黒が，黒の下に白があるものとする。

【特別区・平成22年度】

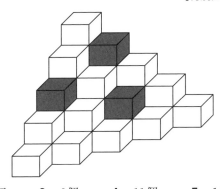

1　3個　　**2**　5個　　**3**　8個　　**4**　11個　　**5**　14個

第6章

空間図形

① それぞれの立体のうちの小立方体がはじめにいくつの小立方体と接しているかを図に書き込み，次にどの面が新たに接するかを検討する。

Step❶ 2組の立体がいくつの小立方体と接しているかを書き込む

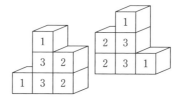

Step❷ 2組の立体を貼り合わせたときに接する面を把握する

貼り合わせたときに，新たに接する面をもつ小立方体を確認しておく。

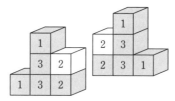

Step❸ 新たに接する面をもつ小立方体の値に1を加える

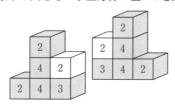

他と3面で接する小立方体は2個，4面で接する小立方体は4個である。

🔶**確認しよう** ➡もとの立体の分析→新たに接する面の把握　　　　　**正答** 3

② 選択肢に注目して，多く出ている立体を中心に，特徴のある部分をくっつけていく。

Step❶ 使われる立方体の個数に注目する

6個の小立方体からなる立体を3つ使うので，小立方体は 6×3＝18［個］使う。よって，直方体は 18＝2×3×3 のものが作れる。

Step 2 選択肢から基準とする立体を決め，そこから特徴のある部分を
くっつけていく

1) Aを基準とするケース（**1**, **2**, **3**）

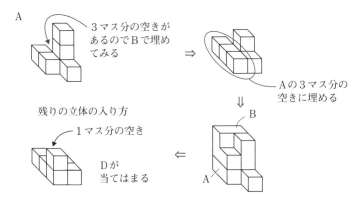

A

3マス分の空きが
あるのでBで埋め
てみる　⇒

Aの3マス分の
空きに埋める

残りの立体の入り方

1マス分の空き

Dが
当てはまる

B

A

よって，A，B，Dを組み合わせると，直方体ができる。

2) Bを基準とするケース（**4**, **5**）

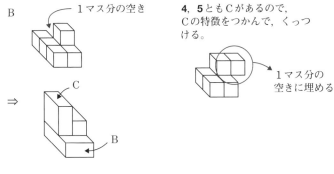

B

1マス分の空き

4, **5**ともCがあるので，
Cの特徴をつかんで，くっつ
ける。

1マス分の
空きに埋める

⇒

C

B

残りの立体の入り方

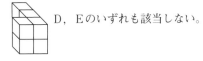

D，Eのいずれも該当しない。

👉**確認しよう** ➡小立方体で考える→各パーツの特徴に注目　　**正答** 2

3 与えられた図に補助線を加え，正確に数え上げる。

Step❶　与えられた図に，隠れている辺を描き込んでいく

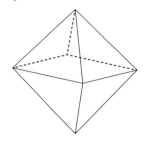 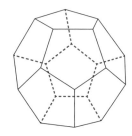

Step❷　頂点の数と各頂点に集まる面の数を数える。

Step①までできれば，あとは数えるだけである。

正八面体は，頂点が6で，各頂点に4面が集まっているので，各頂点に集める面の数の合計は，6×4＝24

正十二面体は，頂点が20で，各頂点に3面が集まっているので，各頂点に集める面の数の合計は，20×3＝60

正答 3

【補足】

正八面体に補助線を入れることは簡単であるが，正十二面体にもなると少し難しい。そこで，補助線を引けなくても，頂点の数を計算で求める方法を確認しておく。

正十二面体の各面をバラバラにして考えると，もちろん正五角形が12面になる。つまり，角の合計は，5×12＝60になる。

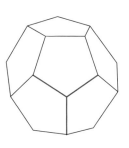

そして，右図を見ると，3つの角が集まって1つの頂点をつくっていることがわかる。つまり，正十二面体の頂点の数は，60÷3＝20であると計算で求められる。

☞確認しよう　➡図に補助線を描き込む→図の把握が難しい場合は計算を用いる

④ 各段を上から一段ずつスライスして平面で表し，それぞれに分けて数えていく。

Step ❶ 各段を平面で表し，それぞれの立方体が白か黒かを決める

各段をスライスして表す。見えない部分の立方体は，白の下が黒，黒の下が白なので，その条件を満たすように各段ごとに白と黒の立方体の配置を示す。

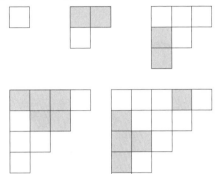

Step ❷ 黒の立方体に，白と接している面の数を書き込む

上下にも白の面があるので，注意する。

	3	1

	4	
	1	

3	2	3
	4	1

			4
3			
1	4		
3			

☞確認しよう ➡各段をスライスする→接する面を数える   **正答** 2

第6章

空間図形

テーマ 18 展開図とその応用

重要度

重要問題

　次の五つの展開図のうち，模様が見えるように組み立ててできる立方体の模様の配置が他の四つの立方体と異なるのはどれか。

【国家一般職／税務／社会人・令和2年度】

1

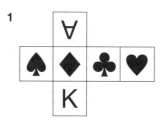

2

3

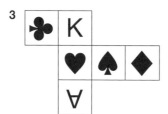

4

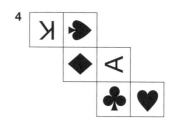

5

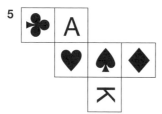

解説

展開図の問題は，立方体として組み立てたときに，どの角と角がつながるかを，展開図で示しておくと検討が楽になる。

Step❶ 五つの展開図に，角と角のつながりの線を入れていく

隣り合った角同士を順につないでいくとわかりやすい。

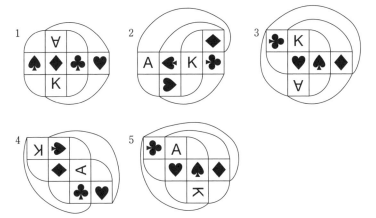

Step❷ 他と異なる立方体を探す

　たとえば，「A」の上方に，何がくっつくかを調べると，すべての立方体で「◆」にくっつくので，これでは判別できない。

　次に，「K」の上方に，何がくっつくかを調べると，すべての立方体で「◆」にくっつくので，これでは判別できない。

　さらに「K」の下方に，何がくっつくかを調べると，1，2，4，5では「♥」が上下逆さまでくっつくが，3では「♥」がもとの向きでくっついている。このように，異なるものを地道に探すことが必要である。

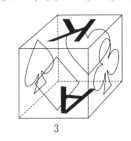

3

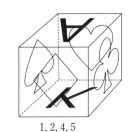

1, 2, 4, 5

☞確認しよう ➡展開図の角を線でつなぐ→異なる立方体を探す　**正答** 3

FOCUS

　展開図は線で角と角を結ぶなど解法パターンを頭に入れておけば克服できる。また，立体はできるだけ平面で表す工夫をする。サイコロ（立方体）の場合は五面図を使えばよい。

第6章

空間図形

要点の

重要ポイント ❶ 正多面体の展開図

下の3つの正多面体の展開図は非常に出題頻度が高い。しっかりと覚えておこう。

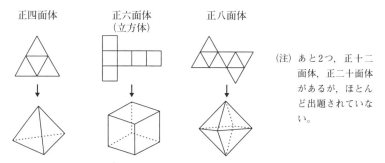

正四面体　　　正六面体　　　正八面体
　　　　　　　（立方体）

（注）あと2つ，正十二面体，正二十面体があるが，ほとんど出題されていない。

重要ポイント ❷ 1つの立体の展開図は1通りとは限らない

立方体の展開図にもいろいろある。展開図を描き替えて使うことができるようにしておこう。

〈例〉立方体の展開図

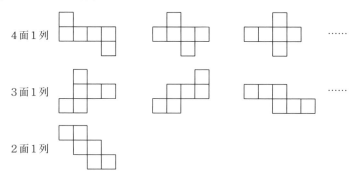

4面1列

3面1列

2面1列　……

重要ポイント ❸ 立方体の面の位置関係

立方体では3組の相対する面がそれぞれ平行となっているが，これが展開図上でどうなっているかをつかむ。

224

〈例〉
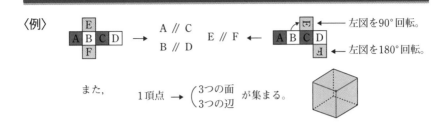

A // C
B // D
E // F

←左図を90°回転。
←左図を180°回転。

また, 1頂点 → $\left(\begin{array}{c}3つの面\\3つの辺\end{array}\right)$ が集まる。

重要ポイント **4** **正四面体の展開図**

 正四面体の展開図は次の2つのみ。相互の関係をつかんでおこう。

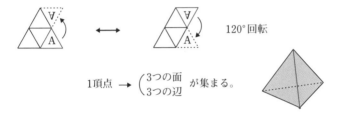

120°回転

1頂点 → $\left(\begin{array}{c}3つの面\\3つの辺\end{array}\right)$ が集まる。

重要ポイント **5** **正八面体の展開図**

 正八面体の展開図では, どの辺とどの辺がつながるのかを見抜くことが必要である。それによって展開図を描き替えられる。

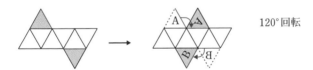

120°回転

重要ポイント **6** **サイコロの表し方（五面図）**

 自分がわかりやすいように, また, 転がしたときの変化をつかめるように工夫しよう。

サイコロ（正六面体）の表面に文字や数字が書かれているとき, 右のように工夫して表すとわかりやすい。

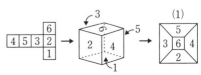

(1)

実戦問題

① 下図のように，同じサイコロ7個が面を接して並んでいる。この状態において，互いに接しているすべての面の目の数の計に，A～Cの各面の目の数を加えた値が54であるとき，Aの面の目の数として正しいのはどれか。ただし，サイコロの任意の面とその反対側の面の目の数の和は7である。

【東京都・平成22年度】

1 1   **2** 2   **3** 3

4 4   **5** 5

2 次の図のア～エは3面にA，B，Cの文字が書かれた正八面体の展開図である。組み立てたときに同じ正八面体になる組合せとして，最も妥当なのはどれか。　【警視庁・平成28年度】

ア 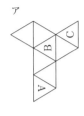　イ 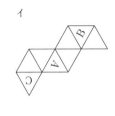　ウ 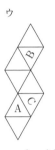　エ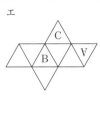

1 アとイ　　**2** アとウ　　**3** アとエ　　**4** イとエ　　**5** ウとエ

3 次の図はOA＝OB＝OC＝OD＝OE＝12，∠AOB＝∠BOC＝∠COD＝∠DOE＝∠EOA＝12°の五角すいである。図のように，頂点Aから側面を一周する線を引いたとき，その最短の長さとして，正しいのはどれか。
【警察官・平成24年度】

1 12
2 15
3 $12\sqrt{2}$
4 18
5 $12\sqrt{3}$

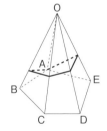

4 次の展開図を組み立てて八面体を作ったとき，7つの頂点A～Gのうち，距離が最も長い頂点どうしの組合せとして正しいのはどれか。ただし，8つの面のうちABCとDEFGを除く6つの面は，互いに平行になる面を持っている。

【国家Ⅲ種・平成14年度】

1 A，D　　**2** A，G
3 B，F　　**4** C，E
5 C，F

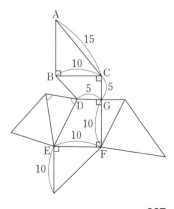

図1は正四面体の展開図であり，各面に1〜4の数字が書かれている（裏面には何も書かれていない）。各面の数字が表に出るように，各辺を山折りにして正四面体を作り，それを図2のような平面上に，◎印の区画に1の面が合わさるように置く。区画の3辺のいずれかを軸として，正四面体を回転させて移動するとき，★の区画に4の面が対応するならば，図2のA〜Eのうちで正四面体の3の面に対応するものとして，最も妥当なのはどれか。

【警視庁・平成26年度】

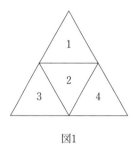

図1

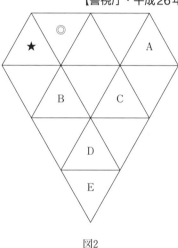

図2

1 A
2 B
3 C
4 D
5 E

実戦問題●解説

① サイコロの問題は五面図を使って表せばわかりやすい。向かい合う面の目の和が7であることを利用する。

Step 1 各サイコロを五面図で表し，それぞれの関係をつかんでいく

図のようにサイコロの各面を平面で表したものを五面図という（下面を表す場合は枠外に書く）。

図のように，7個のサイコロそれぞれにP，Q，R，S，T，U，Vと名前をつける。

サイコロはすべて目の配置が同じであるから，同じように4と6の目が見えているPとVの2個のサイコロにおいては，2つの面FとGが同

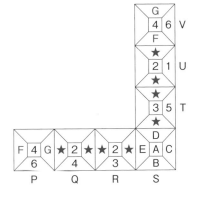

じであり，向かい合う面の目の和は7だから，F＋G＝7である。

また，Q，R，T，Uのサイコロについては，隣のサイコロと接している面（★）の，それぞれのサイコロの目の和はすべて7である。

Step 2 計算により，Aを求める

互いに接している面の目の和は，サイコロPの面GとサイコロVの面Fについて，F＋G＝7。また，Q，R，T，Uの4個のサイコロについては，7×4＝28となる。

そうすると，サイコロSについて，A＋B＋C＋D＋E＝54－35＝19となるが，B＋D＝7，C＋E＝7だから，A＝19－7－7＝5とわかる。

☞確認しよう ➡サイコロを五面図で表す→計算する　　**正答 5**

第6章

空間図形

どの辺とどの辺がつながるかを考えながら，展開図を書き換えて，A・B・Cの位置関係を調べていく。

Step❶　AとCの位置関係により相違を検討する

まず，どの辺とどの辺がつながるかを考える。

ア 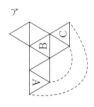　イ 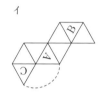　ウ 　エ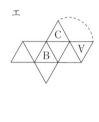

次に，組み立てた形を変えないように，AとCを近づける。

ア 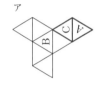　イ 　ウ 　エ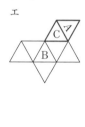

AとCの位置関係が同じであるものはアとウである。　　**正答 2**

（補足）

アとウのA・CとBの位置関係も確認しておく。

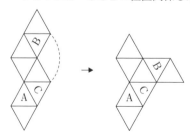

よって，アとウのA，B，Cすべての位置関係が一致するので，同じ正八面体といえる。

☞確認しよう ➡展開図の辺と辺のつながりを確認→面の回転移動

230

3 最短距離の問題は展開図を描いて，直線で結んで考える。

Step❶ 側面の展開図を描く

Step❷ AからAまでの長さを計算する

　頂点Aから側面を一周する最短の長さは，展開図のAとAを結んだ長さになる。△OAAは∠Oが60°の二等辺三角形だから，正三角形である。よって，求める長さは12となる。

👉確認しよう　➡展開図を描く→線分の長さを求める　　　正答 **1**

4 Gで3つの面がすべて垂直に交わることから，Gを原点にして空間座標で考える。

Step❶ Gを原点に座標軸を設定する

　Gを原点に，GFをx軸，GDをy軸に，GCをz軸にする。

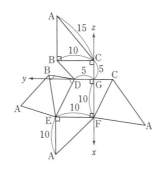

Step❷ 山折りにして，立体を組み立てる

　A $(10,\ 10,\ 10)$，B $(0,\ 10,\ 5)$，
C $(0,\ 0,\ 5)$，D $(0,\ 5,\ 0)$，
E $(10,\ 10,\ 0)$，F $(10,\ 0,\ 0)$

空間図形

となる。Aについては、△AEFと台形GCBDが
平行になることに注意する。

Step 3 1～5の2点間を求める

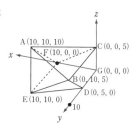

1 × $AD=\sqrt{10^2+5^2+10^2}=\sqrt{225}$

2 ◎ $AG=\sqrt{10^2+10^2+10^2}=\sqrt{300}$

3 × $BF=\sqrt{10^2+10^2+5^2}=\sqrt{225}$

4 × $CE=\sqrt{10^2+10^2+5^2}=\sqrt{225}$

5 × $CF=\sqrt{10^2+0+5^2}=\sqrt{125}$

したがって、AGが最も距離が大きい。

👉確認しよう ➡座標軸で考える   正答 **2**

---

5 展開図の問題は見取図や平面図を使って表して、概略をつかむ。

Step 1 1～4の各面が下にくるときの平面図を描き、正四面体をとらえる

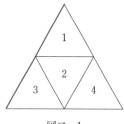

図ア－1

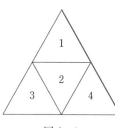

図イ－1

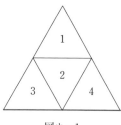

図ウ－1

各辺を山折りにして、赤線部を張り合わせると、平面図は次のようになる。

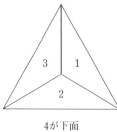

4が下面
図ア－2

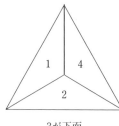

3が下面
図イ－2

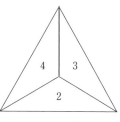

1が下面
図ウ－2

また，図1の各辺を山折りにして，2の面を下面にすると，図エー2のようになる。

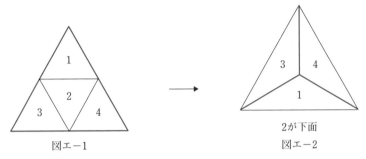

図エー1

2が下面
図エー2

Step ２ 正四面体の回転移動の様子をとらえる

正四面体を回転させて移動させるとき，ある頂点を中心としてクルクルと回る。たとえば，図イー2を移動させると，3の面を外側に見せたまま，下面を1→4→2→1→4→2→1とするように回る。

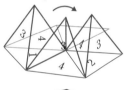

さらに，図2の上で回すと右図のようになる。

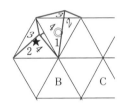

Step ３ どの面が合わさるかを図2に書き込んでいく

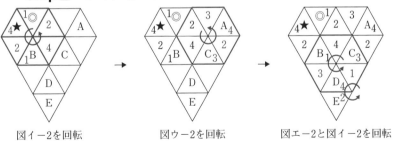

図イー2を回転 → 図ウー2を回転 → 図エー2と図イー2を回転

確認しよう ➡平面図を描く→回転移動させる

正答 3

テーマ 19 投影図とその応用

重要度

重要問題

同じ大きさの立方体の積み木で互いの面どうしをぴったり合わせて一つの立体をつくり，二方向から見ると下図のようになった。このとき，積み木の最大の個数と最小の個数の組合せとして，最も妥当なのはどれか。　　　　　　　　　　　　　　　　　　　　　【警視庁・平成27年度】

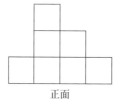

正面

側面

	最大	最小
1	16個	8個
2	17個	9個
3	17個	10個
4	18個	9個
5	18個	10個

解説

各方向から見た図から，もとの立体を考える。投影図の位置に合わせておくと，検討が楽になる。

Step 1 投影図の位置に合わせる

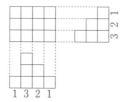

Step❷　最大の個数を求める

高さが1の列は1に決まるので，まず1を記入し，次に2，3と記入していく。

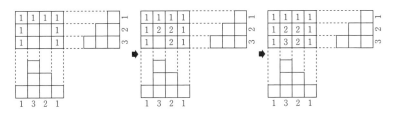

Step❸　最小の個数を求める

高さが3の列には必ず1つは3がないといけないので，まず3から記入する。次に2，1と記入していくが，問題文に「互いの面どうしをぴったり合わせて一つの立体」とあるので，面でつながっていて，列に1つでも1があれば他は0でもかまわない。つまり，下図の着色面の「1」が必要になる。

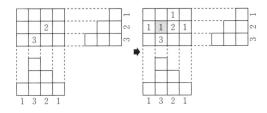

Step❹　個数を計算する。

以上より最大は17個，最小は9個とわかる。

 ➡投影図から全体を把握→平面図に高さを記入→個数を計算　　正答 2

FOCUS

　投影図は，正面図，平面図，側面図の3つからできていて，1つの点について3つの点が対応している。実際の問題では，側面図が左から見たものと右から見たものとの2通りあるので，気をつけること。立体の投影図では，見えない部分は点線となる。

第6章

空間図形

要点の まとめ

投影図の見方

正面図，側面図，平面図の関係を正しく理解すること。

　投影図は空間図形を平面上に表す一つの方法である。3つの方向から図形を眺めたものを一平面上に表したもので，次のようになっている。

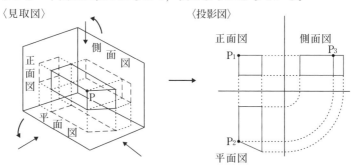

〈見取図〉　　　　　　　　　　　　　　　　〈投影図〉

投影図の2つの面から他の1面を作る

投影図の問題では，2つの図面から他の1面を描くことが問題を解くカギとなることが多い。

　2つの面上の点や線分の位置関係をつかんで，3つ目の平面上に当てはめていく。

(1) 点　　　　　　　　　　　　　　　　(2) 線分

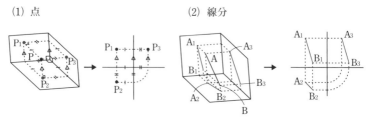

―，＝，△は4か所ずつあり，長さは等しい。

$$\left.\begin{array}{l}\text{正面図}\\\text{平面図}\end{array}\right\}\to\text{側面図}\qquad\left.\begin{array}{l}\text{平面図}\\\text{側面図}\end{array}\right\}\to\text{正面図}\qquad\left.\begin{array}{l}\text{正面図}\\\text{側面図}\end{array}\right\}\to\text{平面図}$$

重要ポイント❸ 投影図から立体の見取図をイメージする

投影図から立体をイメージできれば，直感が働いて問題を解決しやすくなる。投影図を読み取って見取図を描けるようにしておこう。

〈例〉

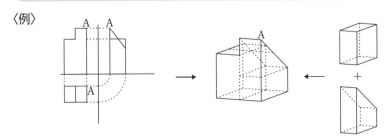

 重要ポイント❹ 積み上げられた立体の個数を見る

投影図から立体を正確にイメージした後は，テーマ17「立体の組立て」でやったように，段ごとに数えていく。

〈例〉立方体を重ねた投影図

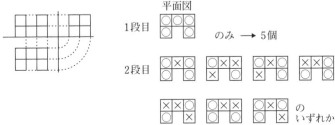

立方体の個数は

合計→7個または8個または9個

（注）投影図の2つの図面からでは形が決まらないことがある。

〈例〉

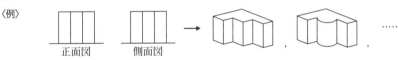

実戦問題

① 次の図のような投影図で表される図形の辺の本数として，正しいのはどれか。　　　　　　　　　　　　　　　　　　　　　【東京消防庁・平成20年度】

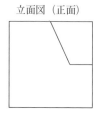
立面図（正面）

平面図

立面図（右側面）

1　12本
2　15本
3　18本
4　21本
5　24本

② 1辺の長さが1cmの立方体8個を用いて，次の平面図，正面図，右側面図を満足させるように積み重ねた。この立体の表面積として，最も妥当なのはどれか。ただし，表面積は底面も含めるものとする。

【東京消防庁・平成24年度】

1　26 cm^2
2　30 cm^2
3　34 cm^2
4　38 cm^2
5　42 cm^2

平面図

正面図

右側面図

3 立方体に1本の針金をはわせる。AとBから見た針金の配線図が図Ⅱである。針金は立方体の辺上または面上を辺に平行にPからQまではわせてあるとすると，C方向からの図としてありうるのはどれか。配線図は針金のみを表し，それぞれの方向から見たとき見えない部分は点線にしてある。

【地方中級・平成9年度】

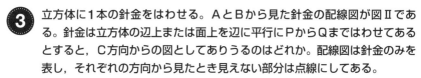

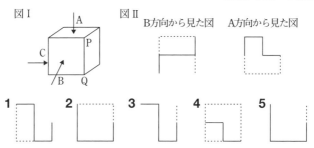

4 水平の断面が，上面から底面まですべて同じ形・同じ面積の立体がある。これを回転テーブルの上に置き，テーブルを回転させながら真横から見たところ，90度の角度ごとに右図のように見えた。これを真上から見た図として最も妥当なのはどれか。 【国家Ⅲ種・平成18年度】

1　各方向から見た図から，最も外側の枠をベースとして境界部分を含めた見取図を描いていく。

Step 1　最も外側にある図から，見取図を描く

正面，平面，右側面いずれも最も外側の図は，正方形となるので，基準となる立体は，立方体となる。

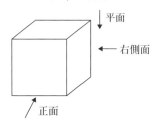

Step 2　境界部分を見取図に描き込み，その部分を取り除いた立体を描く

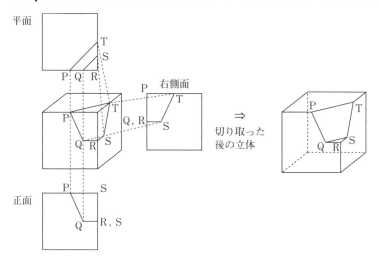

Step 3　辺の本数を調べる

正面が6本，後ろの面が4本，その間が8本なので，6＋4＋8＝18［本］

☞**確認しよう**　➡外側の図→境界線→辺の本数　　　　　　　　　**正答 3**

2 各方向から見た図から立体を考える。見取図を描くのが難しければ，各段を
上から一段ずつスライスして平面で表した図を描く。

Step 1 投影図の位置に合わせる

これによって，2段になっている2か所がわかる。

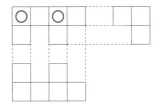

Step 2 真上から見た図を各段ごとにスライスして，そこに他の立方体
と接している数を書き込んでいく

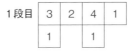

Step 3 表面積を計算する

立方体8個の表面積は$8 \times 6 = 48$［cm^2］であるが，そこから，他の立方体
と接していて見えない部分の面積を引く。**2**より，見えない部分の面積は
$14\ \mathrm{cm}^2$であるので，求める表面積は$48 - 14 = 34$［cm^2］となる。

確認しよう ➡投影図から全体を把握→段ごとに分ける→見えない部分のチェック→
表面積を計算する　　　**正答 3**

第6章

空間図形

③ 投影図で考えるより，見取図に描き込んでいくとよい。

Step❶ 見取図に，図ⅡのB方向から見た線を描き込む

このとき，見える部分のみ入れる。

→ 下図（ⅰ）

Step❷ 図ⅡのA方向から見た線を描き込む

→ 下図（ⅱ）

Step❸ 2つの図を合わせる

→ 下図（ⅲ）

Step❹ P→Qに1本の線でつながるように，図ⅡのB方向からの点線を
入れる

→ 下図（ⅳ）

→ 4本の可能性。

→ b，dはつながらないから除外。

→ a，cが残る。

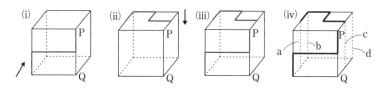

Step❺ ❹と同様に，図ⅡのA方向からの点線を入れる

→ 右図（ⅴ）

→ 2本の可能性。

→ fはつながらないから除外。

→ e，gが残る。

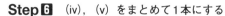

Step❻ （ⅳ），（ⅴ）をまとめて1本にする

❹，❺から → 右図

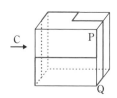

Step 7　これをC方向から見る

（☞確認しよう）　➡見取図に2面を記入→つなぐ可能性を検討→Cから見る　　**正答 3**

④　各選択肢について，問題の図のように見える方向を探す。そこから90度回転した方向から見た図を検討する。

Step 1　問題の図のように見える方向を見つける

問題の図は中央に線があるので，左右対称に見える方向をさがす。

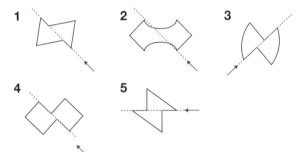

Step 2　90度回転させた方向から見た側面図を調べる

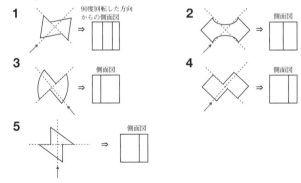

側面が左右対称になっているのは，**2**のみである。

（☞確認しよう）　➡左右対称に見える部分を探す→90°回転　　**正答 2**

空間図形

テーマ 20

立体の回転と切断

重要度

重要問題

　図のような正六面体ABCDEFGHがあり，辺EHの中点をP，辺EFの中点をQ，辺CGの中点をRとする。3点P，Q，Rを通る平面で正六面体ABCDEFGHを切断し，頂点Aを含む側を取り除く。残った立体を矢印の方向（もとの正六面体における面ABCDの対角線ACと平行）から見た図として，正しいのはどれか。

【警察官・平成29年度】

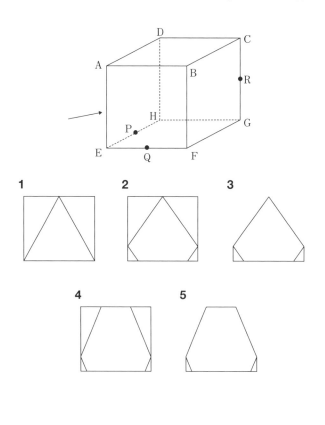

解説

直線的に切断されていくことを意識する。

Step❶　与えられた図に，断面を書き込んでいく

PQを切断する時の切断線を書き込むために，2点PQを直線で結んでおく。

また，線分DHや線分BFと切断面との交点をU，Vとすると，直線UVは直線PQと平行になることも注意する。直線RUや直線RVと直線PQとの交点をS，Tとする。

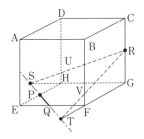

Step❷　点R，U，P，Q，Vを線でつなぎ，断面を浮かび上がらせる。

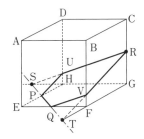

これから，選択肢**3**が正しいとわかる。念のために，残った立体の見取り図を示しておく。

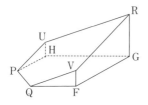

 ➡断面図をかく→選択肢を検討する

正答 3

FOCUS

　平面による断面が，同じ平面上の2点を通る場合の切り口は直線になる。また，平行な平面における切断面は平行な直線になる。これらを踏まえて，切断面を考えればよい。

要点の まとめ

重要ポイント 1 「回転体」の意味をつかむ

回転体の意味を正しくつかんで，どんな回転体ができるか，逆にどんな図形を回転させたかをつかむことがポイント。

回転体 → ある平面図形を1つの直線（回転軸）の周りに360°回転してできる立体である。

〈例〉

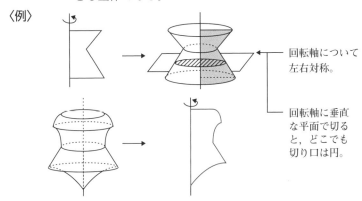

回転軸について左右対称。

回転軸に垂直な平面で切ると，どこでも切り口は円。

重要ポイント 2 基本的な回転体と体積

長方形，三角形，半円を下のように回転させると，それぞれ円柱，円すい，球ができる。体積の求め方も覚えておこう。

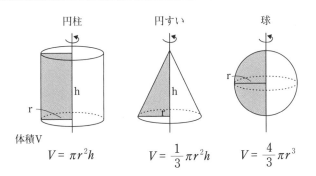

円柱　　　　　円すい　　　　　球

体積V

$$V = \pi r^2 h$$

$$V = \frac{1}{3} \pi r^2 h$$

$$V = \frac{4}{3} \pi r^3$$

第6章

空間図形

247

重要ポイント ❸ 1つの平面図形からいろいろな回転体ができる

回転体は、どこを回転軸として回転させるかによってできる立体が異なる。

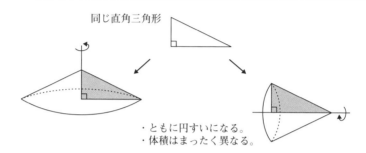

同じ直角三角形

・ともに円すいになる。
・体積はまったく異なる。

重要ポイント ❹ 立体の切り口の図形

立体を平面で切った切り口の図形をどのようにして求める（図示する）かがポイント。

切り口の図形→切る平面が通る一直線上にない3点
　　　　　　　→3点を通る平面
　　　　　　　→切り口の直線を延長

〈例〉直方体の右のような3点P，Q，Rを通る
平面での切り口→右図

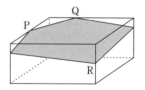

重要ポイント ❺ 立方体の切り口の図形

立方体は、切り方によって切り口がいろいろな形に変化する。五角形や正六角形はイメージしづらいので注意が必要。

正三角形	長方形	等脚台形	五角形	正六角形

実戦問題

下の図のような正八面体の1辺を軸に回転させたときの軌跡が表す立体の形として，最も妥当なのはどれか。　【東京消防庁・平成25年度】

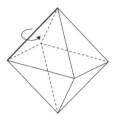

1

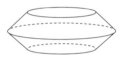

2

3

4

5

次の図のように，マス目に沿ってサイコロを転がしていったとき，図中のA
およびBの目の組合せはどれか。ただし，サイコロは，背中合わせの目の数
の和が7であるものとする。　　　　　　　　　　　　【特別区・平成20年度】

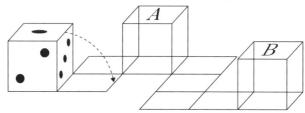

	A	B
1	⚁	⚀
2	⚃	⚁
3	⚃	⚃
4	⚅	⚁
5	⚅	⚄

③ 立方体A，B，Cをそれぞれ以下の3点を通る平面で切断したときの断面の図形の組合せとして，最も妥当なのはどれか。【東京消防庁・平成28年度】

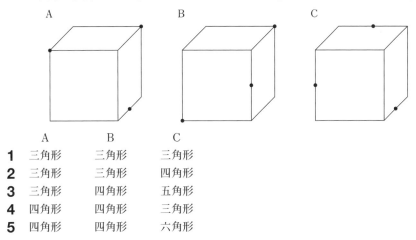

	A	B	C
1	三角形	三角形	三角形
2	三角形	三角形	四角形
3	三角形	四角形	五角形
4	四角形	四角形	三角形
5	四角形	四角形	六角形

④ 次の図は1辺の長さが6の立方体である。この立方体の辺AB，辺BF，辺ADの中点をそれぞれL，M，Nとする。この3点を通る平面でこの立方体を切断したときにできる切断面の面積として，正しいのはどれか。

【警察官・平成24年度】

1 $21\sqrt{3}$
2 $21\sqrt{6}$
3 $24\sqrt{3}$
4 $24\sqrt{6}$
5 $27\sqrt{3}$

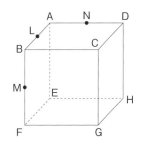

1 回転体は軸を含む断面で切ったときに，最も距離の長い部分を回転してできる立体である。軸と対称の位置にある辺を含む断面で切断する。

Step 1 断面図を描く

断面は正方形になる。図1ではわかりにくい場合は，対称性から図2のように考えてもよい。

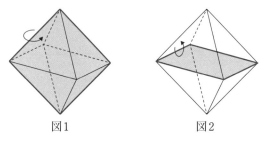

図1   図2

ここから回転体は円柱であるとわかる。

（補足）念のため各選択肢の，軸と断面を示しておく。

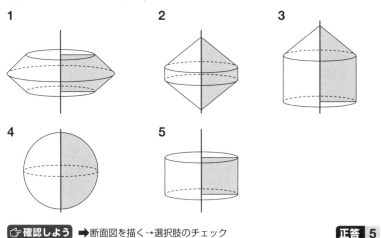

確認しよう ➡断面図を描く→選択肢のチェック   正答 **5**

② サイコロを転がしたときの目を1つずつ記入していく。同じ方向に2回転するときの目にも注目する。

Step ① Aの位置にきたときの上面を調べる

マス目を上から見たときの図を描いていくとわかりやすい。

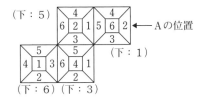

よって，Aの目は6である。

Step ② Bの位置にきたときの上面を調べる

同じ方向に2回転するとき，サイコロの上面と下面は入れ替わる。

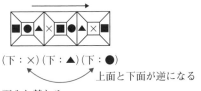

（下：×）（下：▲）（下：●）

上面と下面が逆になる

上下入れ替わる

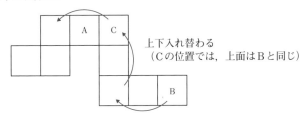

上下入れ替わる
（Cの位置では，上面はBと同じ）

上下入れ替わる

よって，Bの上面は，Aの1つ前に来たときの下面になるので，Bの目は5となる。

☞確認しよう ➡Aにきたときの上面→2回転したときの上面の特徴→Bの上面

正答 5

第6章

空間図形

③ 断面が同じ平面上の2点を通る場合には切り口は2点を通る直線になる。また，平行な平面を切断すると切り口も平行な直線になる。これらを踏まえて，断面図を描き込む。

Step 1 立方体の隠れ線を描き込む

A 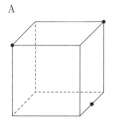　　B 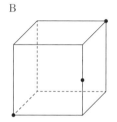　　C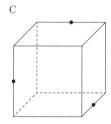

Step 2 2点を通る直線と，それに平行な直線を引く

A 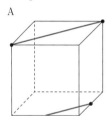　　B 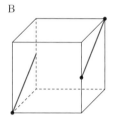　　C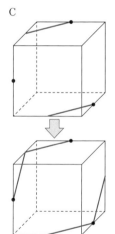

　Cは，「同一平面上の2点」がないが，右図のように処理する。

Step 3 断面図を完成させる

A 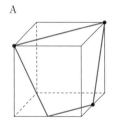　　B 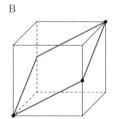　　C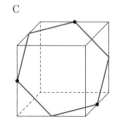

ここから，断面はA四角形（等脚台形），B四角形（平行四辺形），C六角形（正六角形）になる。

☞確認しよう ➡断面図を描く→選択肢のチェック　　正答 5

④ 最短距離の問題では，展開図を描いて，直線で結んで考えるのがよい。

Step❶ 断面図を描く

三平方の定理より，断面は1辺の長さが$3\sqrt{2}$の正六角形である。

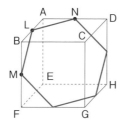
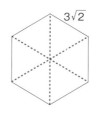

Step❷ 断面の面積を計算する

断面の正六角形は，正三角形6個に分割できる。

正三角形の1辺は$3\sqrt{2}$で，高さは，直角三角形

$1:2:\sqrt{3}$の比から$\dfrac{3\sqrt{6}}{2}$。

よって，断面の正六角形の面積は，

$$3\sqrt{2}\times\dfrac{3\sqrt{6}}{2}\times\dfrac{1}{2}\times6=27\sqrt{3}$$

☞確認しよう ➡断面図を描く→面積を計算する　　正答 5

●**本書の内容に関するお問合せについて**

本書の内容に誤りと思われるところがありましたら，まずは小社ブックスサイト（jitsumu.hondana.jp）中の本書ページ内にある正誤表・訂正表をご確認ください。正誤表・訂正表がない場合や，正誤表・訂正表に該当箇所が掲載されていない場合は，書名，発行年月日，お客様のお名前・連絡先，該当箇所のページ番号と具体的な誤り・理由等をご記入のうえ，郵便，FAX，メールにてお問合せください。

〒163-8671 東京都新宿区新宿 1-1-12　実務教育出版 第二編集部問合せ窓口
FAX：03-5369-2237　　E-mail：jitsumu_2hen@jitsumu.co.jp

【ご注意】
※電話でのお問合せは，一切受け付けておりません。
※内容の正誤以外のお問合せ（詳しい解説・受験指導のご要望等）には対応できません。

公務員試験［高卒程度・社会人］
初級スーパー過去問ゼミ　**判断推理**

2021年 3 月25日　初版第 1 刷発行　　　　　　　　　　〈検印省略〉
2022年 7 月10日　初版第 2 刷発行

編　者　資格試験研究会
発行者　小山隆之

発行所　株式会社 実務教育出版
　　　　〒163-8671　東京都新宿区新宿 1-1-12
　　　　☎編集　03-3355-1812　　販売　03-3355-1951
　　　　振替　00160-0-78270
組　版　明昌堂
印　刷　奥村印刷
製　本　東京美術紙工